Vorwort

Schlangen haben seit alters die Menschen fasziniert, in vielen Kulturen wurden sie sogar als Gottheiten verehrt. Und heute, in einer Zeit, in der gerade für Stadtbewohner der direkte Zugang zur Natur immer schwieriger wird, wollen viele Tierliebhaber diese attraktiven Lebewesen bei sich zu Hause halten.
Doch Schlangen sind nicht nur in den schillerndsten Farben gezeichnete, elegante Tiere; sie sind auch Wildtiere, die ihrem Halter unter Umständen gefährlich werden können. Damit Sie ungetrübte Freude an Ihrer Schlange haben, gibt Schlangenexperte Klaus Griehl kompetenten und praxiserprobten Rat.
Er berichtet über die Biologie der Schlangen ebenso wie über ihr Leben in freier Wildbahn. Sie erfahren, wie das Terrarium am zweckmäßigsten eingerichtet wird, welche Punkte bei Haltung und Pflege der Tiere wichtig sind und unter welchen Bedingungen eventuell eine Nachzucht möglich ist. Auch zu rechtlichen Bestimmungen und zum Artenschutz finden Sie Information.
In einem umfangreichen Porträtteil werden die wichtigsten ungiftigen Nattern und kleinerwüchsigen Riesenschlangen vorgestellt. Dazu gibt es Tips zur Pflege der einzelnen Rassen. Die hervorragenden Farbfotos stammen von Tierfotografen und Schlangenexperten aus aller Welt.
Viel Freude beim Beobachten Ihrer Schlangen wünschen Ihnen der Autor und die GU Naturbuch-Redaktion.

Bitte beachten Sie die »Wichtigen Hinweise« auf Seite 63.

Schlangen verstehen lernen

Eier sind für manche Schlangen ein besonderer Leckerbissen. Hier bedient sich eine Erdnatter an einem Vogelnest.

Schlangen haben zu allen Zeiten und in allen Gegenden der Welt die Menschen fasziniert. In den Mythen, Legenden und Sagen vieler Völker spielen sie eine bedeutende Rolle.
Den Mexikanern galt der Schlangengott Quetzalcóatl als Herr des Lebens. Die regelmäßigen Häutungen der Schlangen waren dem griechischen Heilgott Asklepios Symbol für stetige Verjüngung. Die Könige der Ägypter trugen das Symbol der angriffsbereiten Uräusschlange; die byzantinischen Bischöfe führten an ihrem Zepter als Sinnbild der Klugheit das Zeichen der Schlange. In Indien werden noch heute der Kobra als dem Abbild des Gottes Shiva Opfer gebracht. Kulttänze mit Klapperschlangen sind von den Hopi-Indianern bekannt, und bei uns gilt der Äskulapstab als Symbol der Heilkunst.

Abstammung der Schlangen

Versteinerte Funde von Schlangen lassen darauf schließen, daß sie bereits vor einhundertachtzig Millionen Jahren die Erde bevölkerten.
Die Schlangen spalteten sich von bestimmten Echsen ab, deren Körper sich über lange Zeit in die Länge streckte und deren Beine sich zurückbildeten. Einige Forscher glauben, daß der auf Borneo vorkommende Taubwaran *Lanthanotus* ein heute noch lebendes Bindeglied zwischen Echsen und Schlangen ist. Die Schlangen haben also im Verlauf ihrer Entwicklungsgeschichte »ihre Beine verloren«; dies hat sich im Verlauf der Jahrtausende als vorteilhaft gegenüber Nahrungskonkurrenten und Feinden des gleichen Lebensraumes herausgestellt. Bei urtümlichen, oft auch »niederen« Schlangen, wie beispielsweise den Boas und Pythons, läßt sich die Abstammungstheorie dadurch untermauern, daß echsenartige Merkmale beibehalten wurden – wie Restknochen im Beckenskelett oder Aftersporne, eine Art verkümmerte Hinterbeinreste.

Giftige und ungiftige Schlangen

Zur systematischen Einordnung der Schlangen müssen auch die Gruppen der Giftschlangen erwähnt werden. Die Wissenschaft unterscheidet nach Bau und Stellung der Zähne vier Typen (→ Zeichnung, Seite 7):
<u>Die Echten Nattern</u> (aglyphe Nattern) verfügen über glatte und gleichmäßig geformte Zähne. Längsfurchen fehlen, mit denen sie imstande wären, ihren Beutetieren oder Feinden Gift in die Bißwunde zu injizieren. Sie gelten der Lehrmeinung nach als harmlos; ausschließlich diese Nattern stellen wir bei der Beschreibung der einzelnen Arten vor (→ Seite 42 bis 58). Es darf jedoch nicht verschwiegen werden, daß in den letzten Jahren Fälle von Vergiftungserscheinungen nach dem Biß verschiedener Echter Nattern bekanntgeworden sind. Forschungen haben gezeigt, daß selbst unsere Ringelnattern und Schlingnattern Gifte im Speichel aufweisen. Bei Allergikern könnten auch diese an sich »harmlosen« Gifte tödliche Reaktionen hervorrufen.
Wichtig: Auch beim Umgang mit den sogenannten ungefährlichen Schlan-

Klaus Griehl

Schlangen

Riesenschlangen und Nattern

Experten-Rat für Anschaffung, Ernährung und Gesunderhaltung

Mit Farbfotos bekannter Tierfotografen

Zeichnungen: Renate Holzner

GU

Inhalt

Vorhergehende Doppelseite: *Die Fischernatter (Natrix piscator) ist an ihrer gelblichen bis rotbraunen Grundfarbe mit parallelen den Punktreihen auf dem Rücken zu erkennen.*

Beim Züngeln nimmt die Schlange wichtige Geruchsinformationen auf.

Elegant hängt diese Königsschlange (Boa constrictor) von einem Ast.

gen müssen Sie äußerste Vorsicht walten lassen, um nicht sich und andere durch Leichtsinn zu gefährden .
Die Trugnattern (opistoglyphe Nattern) haben ganz hinten im Oberkiefer gefurchte und stark vergrößerte Zähne. Diese stehen mit Giftdrüsen in Verbindung und wirken daher als Giftzähne. Wegen der weit nach hinten gerückten Stellung sind Bißunfälle zwar selten, aber mehr noch als bei den Echten Nattern ist die Gefahr einer Vergiftung mit Todesfolge gegeben. Selbst zwei der erfahrensten und bedeutendsten Herpetologen (Reptilienkundler) unserer Zeit kamen durch Bisse von Trugnattern ums Leben.
Wichtig: Hände weg von Trugnattern, auch wenn sie von Tierhändlern oder mit Ihnen befreundeten Terrarianern als »harmlos« empfohlen werden.
Seeschlangen und Giftnattern (proteroglyphe Nattern) verfügen über ein Paar feststehende, vergrößerte Fangzähne vorne im Oberkiefer. Diese Zähne sind mit einer teilweise oder fast vollständig geschlossenen Längsfurche versehen, durch die das Gift beim Biß injiziert wird. Zu dieser Gruppe gehören Seeschlangen (Familie *Hydrophiidae*) und Giftnattern (Familie *Elapidae*, beispielsweise Kobras, Mambas, Korallenottern.
Vipern und Grubenottern (solenoglyphe Schlangen) haben vorne im Oberkiefer zwei oder mehrere große Fangzähne auf einem einklappbaren Knochen, der zum Beißen rechtwinklig aufgestellt wird. Die Fangzähne sind als geschlossene Röhre ausgebildet und wirken beim Biß wie eine Injektionskanüle. Die Ausflußöffnung liegt zur Verbesserung der Injektionswirkung außen über der Zahnspitze. Zu diesen Schlangen gehört die Familie *Viperidae* mit der Unterfamilie der echten Vipern, beispielsweise Kreuzotter, Gabunviper, Puffotter, und der Unterfamilie der Grubenottern wie Klapperschlange und Lanzenotter.
Wichtig: Vor der Pflege der unter Seeschlangen und Giftnattern sowie Vipern und Grubenottern genannten »echten« Giftschlangen muß mit allem Nachdruck gewarnt werden. Ihre Pflege sollte Zoologischen Gärten und -Instituten zu gewerblichen und Unterrichtszwecken überlassen bleiben. Für Anfänger gilt generell: Hände weg von Giftschlangen.

Die Haltung von Riesenschlangen

Riesenschlangen unterscheiden sich durch ihren Körperbau von den Nattern und Giftschlangen: Sie besitzen Aftersporne (→ Seite 10), das sind letzte Reste der Gliedmaßen an einem verkümmerten Beckengürtel.
Riesenschlangen werden als Jungtiere häufig im Zoofachhandel angeboten. Die manchmal nur füllfederhalterdikken und noch harmlosen Schlangen lassen sich leicht an unwissende private Interessenten verkaufen. Doch schon im Babyalter wachsen einige Riesenschlangen außerordentlich schnell. Das Terrarium wird zu klein und muß der neuen Körpergröße angepaßt werden. Manche der Riesenschlangen, die ihr Opfer bekanntlich durch Erdrosseln töten, sind bald zu einer Größe herangewachsen, mit der sie ihren Pfleger nicht nur ernstlich verletzen, sondern sogar umbringen können.
Auch beim Kauf einer Riesenschlange sollten Sie also überlegen, ob so ein Tier nicht bald für Sie und andere gefährlich werden kann.
Wichtig: Besonders Anfängern ist auf jeden Fall zu raten, sich auf kleinwüchsige Riesenschlangen zu beschränken, wie sie im Porträtteil von Seite 42 bis 58 vorgestellt werden.

Giftzähne

Schädel Längsschnitt Querschnitt

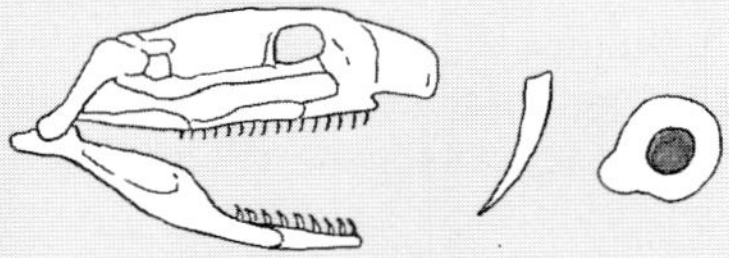

Echte Nattern haben glatte Zähne ohne Längsfurchen.

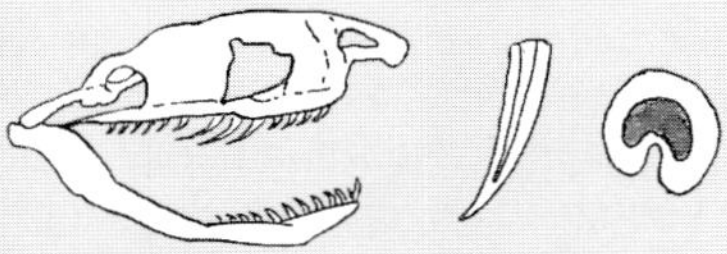

Trugnattern haben gefurchte, vergrößerte Zähne hinten im Oberkiefer.

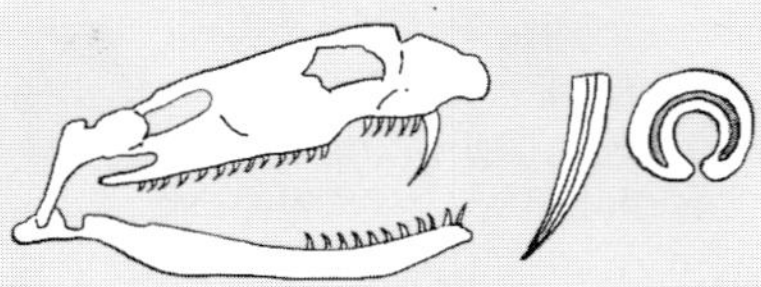

Giftnattern haben vorne Fangzähne mit einer Längsfurche fürs Gift.

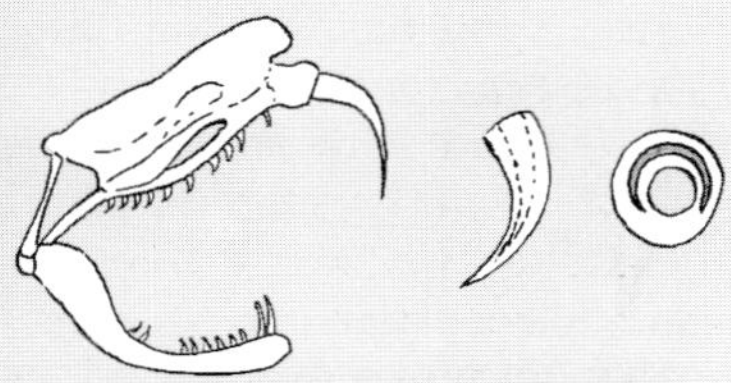

Vipern injizieren ihren Opfern das Gift durch eine Röhre in ihren Giftzähnen.

Kleine Schlangenkunde

Wer Schlangen pflegen möchte, sollte sich Grundkenntnisse über ihre Entwicklungsgeschichte und Lebensweise aneignen. Aus vielem können Sie ableiten, wie Sie Schlangen in Ihrer Obhut halten müssen. Diese »Kleine Schlangenkunde« soll als Fundament dienen, das Sie allmählich durch Erfahrungsaustausch mit anderen Terrarianern und durch Fachliteratur ausbauen können.

Die Anpassungsfähigkeit

Ihre außergewöhnliche Anpassungsfähigkeit an extreme klimatische Bedingungen ermöglichte es den Schlangen, fast jeden Lebensraum der Erde zu erobern, mit Ausnahme der Polarregion und extremer Tiefen von Meeren und Seen. Schlangen können ihre Körpertemperatur nicht selbst regeln, sondern sind von den Temperatureinflüssen ihrer Umgebung abhängig. Am häufigsten treten sie in klimatisch günstigen Gebieten auf – also in den wärmeren Zonen.

Größe und Wachstum

Im Gegensatz zu Wirbeltieren, deren Wachstum in der Regel mit Erreichen der Geschlechtsreife aufhört, wachsen Schlangen stetig weiter.
Jungtiere wachsen recht schnell, um aus der kritischen Phase herauszukommen, in der sie durch Freßfeinde gefährdet sind. Schlangen, die eine Winterruhe einlegen, wachsen während dieser Zeit langsamer oder überhaupt nicht. Letztlich ist das Wachstum vom zur Verfügung stehenden Futterangebot abhängig, das in der Wildbahn von Umwelteinflüssen geregelt wird.
Berichte über die Größe von Riesenschlangen sollten mit einiger Vorsicht bewertet werden. Die Große Anakon-

da erreicht in Gefangenschaft nachweislich eine Länge von über neun Metern, und der Netzpython in Ausnahmefällen über zehn. Doch sonst erreichen nur noch der Tigerpython, der Felsenpython und der Amethystpython Längen über sechs Meter. Auf die bisher bekanntgewordenen Maximallängen wird im Porträtteil bei der jeweiligen Art (→ Seite 42 bis 58) besonders hingewiesen.

Beuteerwerb und Ernährung

Schlangen sind ausschließlich Fleischfresser, die je nach Art und Größe vom Insekt bis zum großen Säugetier alles fressen. Einige Schlangen sind auf eine bestimmte Nahrung spezialisiert und daher auf die in ihrem Lebensraum vorkommenden Beutetiere angewiesen. Wasserschlangen ernähren sich überwiegend von Amphibien oder Fischen. Baumbewohnende Schlangen sind meistens Vogelfresser und bodenbewohnende Schlangen fressen Kleinnager. Einige Schlangen, wie die Angehörigen der Gattung *Lampropeltis*, fressen sogar andere Schlangen.
Spezialisten und Rekordhalter: Als besondere »Nahrungsspezialisten« sind die afrikanischen Eierschlangen bekannt (→ Fotos, Seite 12/13), die ausschließlich Eier fressen.
Es liegen Berichte über außergewöhnliche Schlingleistungen von Schlangen vor; so wurde beispielsweise der Fund eines Leoparden im Magen eines 5,5 m langen Netzpythons bekannt.

Drohend sperrt der Hühnerfresser sein Maul auf.

Wie die Beute erjagt wird

Schlangen erjagen und töten ihre Beute auf unterschiedliche Weise. Die Barrenringelnatter frißt keine für sie bedrohlichen Tiere, sondern nur Fische und Frösche. Sie beginnt deshalb sofort, ihre Beute lebend zu verschlingen, wenn sie sie mit dem Maul gepackt hat.
Anders verhalten sich Schlangen, die Tiere erbeuten, die ihnen bei Gegenwehr gefährlich werden können. Einige Riesenschlangen und Nattern umschlingen und erdrosseln ihre Beute deshalb blitzschnell. Giftnattern, Vipern und Grubenottern injizieren ihr lähmendes oder tötendes Gift in einer Schnelligkeit in ihr Opfer, daß der Biß vom menschlichen Auge kaum wahrzunehmen ist. Sie können dann abseits in Ruhe warten, bis die Wirkung des Giftes eintritt.

Schlingen und Einspeicheln

Das Verschlingen der Beute wird meist vom Kopf her vorgenommen. So stellen sich Haare oder Federn des Futtertieres nicht gegen die Schlingrichtung auf und blockieren den Schlingakt nicht. Zusätzlich wird die Beute eingespeichelt, um ein leichteres Gleiten zu fördern.
Keine Schlange kann ihre Nahrung mit den Zähnen zerkleinern. Deshalb verfügen Schlangen über sehr wirksame Verdauungssekrete, die die Beutetiere einschließlich Knochen, Horn, Sehnen und Haaren vollständig verdauen.

Im Kletterbaum eines Terrariums liegen zwei attraktiv gezeichnete Kornnattern.

Der Verdauungsvorgang
Die Dauer des Verdauungsvorganges ist von der Außentemperatur abhängig, da Schlangen als wechselwarme Tiere ihre Körpertemperatur nicht selbst regeln können. Zudem werden Fische und Amphibien, also »leichtere Kost«, schneller verdaut als warmblütige Wirbeltiere. Nach dem Fressen ziehen sich Schlangen auf Ruheplätze zurück, die ihnen Schutz bieten. Meist werden sie erst dann wieder aktiv, wenn die Verdauung abgeschlossen ist und die Exkremente ausgeschieden wurden.

Lange Fastenzeiten werden von einigen Schlangen, besonders Riesenschlangen, eingelegt. Das kann damit zusammenhängen, daß bei einer einzigen Nahrungsaufnahme außerordentlich große Mengen gefressen werden. Wenn Riesenschlangen in Gefangenschaft über längere Zeit zu intensiv gefüttert wurden, können sie monatelang ohne wesentlichen Gewichtsverlust hungern.

PRAXIS
Schlangenkunde

Die Abstammung von Echsen
Zeichnung 1
Alle Schlangen stammen entwicklungsgeschichtlich von Echsen ab. Über einen Zeitraum von Millionen von Jahren nahmen sie ihre heutige Form an. Die ursprüngliche Form streckte sich und die Beine verschwanden. Bei den Riesenschlangen finden sich noch verkümmerte, als Aftersporne (→ Zeichnung 1) erkennbare Reste der Hinterbeine. Diese Beinreste haben keine Funktion mehr bei der Fortbewegung; wahrscheinlich dienen sie dem Männchen zur Reizung des Weibchens beim Geschlechtsakt.
Die »höheren« Schlangen wie ungiftige Echte Nattern (aglyphe Nattern), Trugnattern (opistoglyphe Nattern), Giftnattern und Seeschlangen (proteroglyphe Nattern) sowie Vipern und Grubenottern (solenoglyphe Schlangen) weisen diese Merkmale jedoch nicht auf.

1 Die Aftersporne sind verkümmerte Beine.

Sinnesorgane
Zeichnung 2
Die Sinnesorgane der Schlangen sind bei den einzelnen Arten durch ihre unterschiedliche Lebensweise und die Anpassung an ihren Lebensraum verschieden entwickelt.
Gehör: Schlangen besitzen kein Außenohr, keine Gehörgänge und kein Trommelfell. Dadurch sind sie nicht in der Lage, Geräusche wahrzunehmen. Sie können jedoch die feinsten Erschütterungen, wie etwa die Schritte eines Menschen oder die Annäherung eines Beutetieres, spüren.
Gesichtssinn: Mit Ausnahme der unterirdisch lebenden Arten ist der Gesichtssinn bei den meisten Schlangen gut entwickelt. Allerdings wird nur ein Objekt erkannt, das sich bewegt. Viele Menschen sind noch heute der Auffassung, daß der »starre Blick« der Schlangen ihre Beute hypnotisiert. Natürlich ist längst bewiesen, daß dies nicht der Fall ist. Mäuse, Ratten und andere Wirbeltiere, die zu Schlangen in ein Terrarium gesetzt wurden, zeigten erst auf Bewegungen der Schlangen hin Schreckreaktionen.

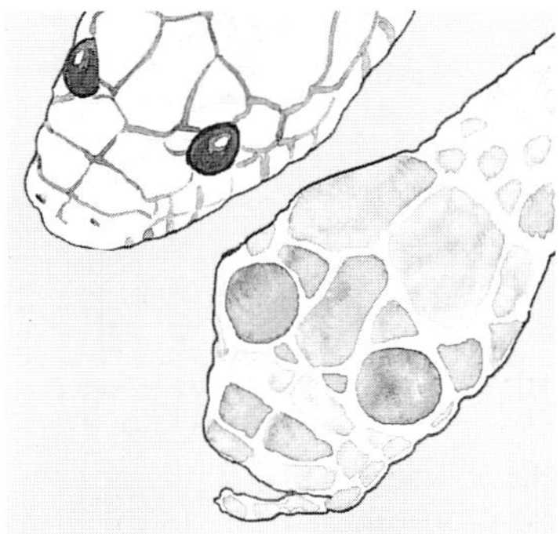

2 Die Brille dient dem Schutz der Augen.

Wahrscheinlich entstand das Märchen von den hypnotischen Fähigkeiten der Schlange durch ihren »starren Blick«, der auf eine anatomische Besonderheit zurückzuführen ist: Damit die Augen von Verunreinigungen frei bleiben, sind die Augenlider zu festen, uhrglasähnlich gewölbten und durchsichtigen Kapseln verwachsen, die als »Brille« bezeichnet werden (→ Zeichnung 2). Obwohl die Brille von einer Hornschicht gebildet wird, ist sie anfällig gegen mechanische Verletzungen und nutzt sich ab. Eine Erneuerung erfolgt mit der Häutung, bei der sie mit der übrigen Haut abgestreift wird. An ihr ist die Trübung, die die beginnende Häutung zeigt, besonders deutlich zu sehen.
Geruchssinn: Der wichtigste Sinn der Schlangen ist ihr ausgezeichneter Geruchssinn. Neben dem »Schlängeln« ist wohl das »Züngeln« für die meisten Menschen das typische Kennzeichen für diese Tiergruppe. Die tiefgespaltene zweizipflige Zunge wird ohne Öffnen des Mauls durch eine Lücke unter dem Schnauzenschild herausgestreckt und nimmt aus der Luft Geruchsstoffe auf (→ Zeichnung, Seite 2 und Foto, Seite 36).
Beim Zurückziehen wird die mit Informationen beladene Zunge

an ein Geruchsorgan, das Jacobsonsche Organ, geführt. Es liegt am Gaumendach; hier werden die Geruchspartikel wahrgenommen.

Dehnfähigkeit des Maules
Bilder von Schlangen, die ihre Beute verschlingen, wirken oft äußerst verblüffend. Ein ganzes Ei oder ein Beutetier, das um ein vielfaches größer ist als der gesamte Schlangenkopf, verschwinden problemlos ganz im Maul der Schlange (→ Foto, Seite 12/13).
Im Vergleich mit allen anderen heute lebenden Reptilien hat der Schlangenschädel eine unglaublich erscheinende Verformungsmöglichkeit. Der Kopf ist ein beweglicher, dehnbarer und elastischer Scharnier- und Hebelapparat, der aus Knochen, Sehnen, Bändern und Muskeln besteht. Die Knochen des Ober- und Unterkiefers sind nur lose mit den benachbarten Knochen verbunden. Die Schnauzenknochen liegen beweglich an der Hirnkapsel. Schläfenbein und Jochbein, die beim Schlingen stören würden, sind verschwunden.

Bewegungsmechanik der Schlange
Zeichnung 3
Die verschiedenen Schlangenarten weisen in ihrem Körperbau geringfügige Abweichungen auf.
Die Methode der Fortbewegung ist im Prinzip jedoch stets gleich. Sie wird allgemein als »Schlängeln« bezeichnet.
Schlängeln: Die wellenförmige, weit ausholende Vorwärtsbewegung wird durch Muskelkontraktionen und -erschlaffungen hervorgerufen (→ Zeichnung 3). So entsteht ein Druck auf die Unebenheiten des Untergrundes. Dieser Druck ist die eigentliche Antriebskraft. Würde man eine Schlange auf eine Glasplatte oder eine andere völlig glatte Oberfläche legen, könnte sie sich nicht fortbewegen, weil der Widerstand fehlte.
Schwimmen: Die Fortbewegung im Wasser erfolgt nach dem gleichen Prinzip von Muskelkontraktionen und -erschlaffungen. Schlangen schwimmen in weiten horizontalen Windungen nahe der Wasseroberfläche.
Seitenwinden: Einige Arten entwickelten jedoch unter den extremen Bedingungen ihrer Lebensräume spezielle Bewegungsabläufe. Am interessantesten ist wohl das Seitenwinden. Diese besondere Bewegungsmechanik kommt bei einigen Wüstenschlangen vor. Sie schnellen ihren Körper seitwärts über den Sand, wobei sie nur mit wenigen Stellen ihrer Bauchseite den Boden berühren. Wechselweise wird eine Körperwindung hinter dem Kopf und vor dem Schwanz angehoben, seitwärts geschnellt und wieder abgesetzt, ähnlich wie ein Mensch beim Gehen einen Fuß auf die Erde setzt, um zum Weitergehen mit dem anderen anzusetzen.

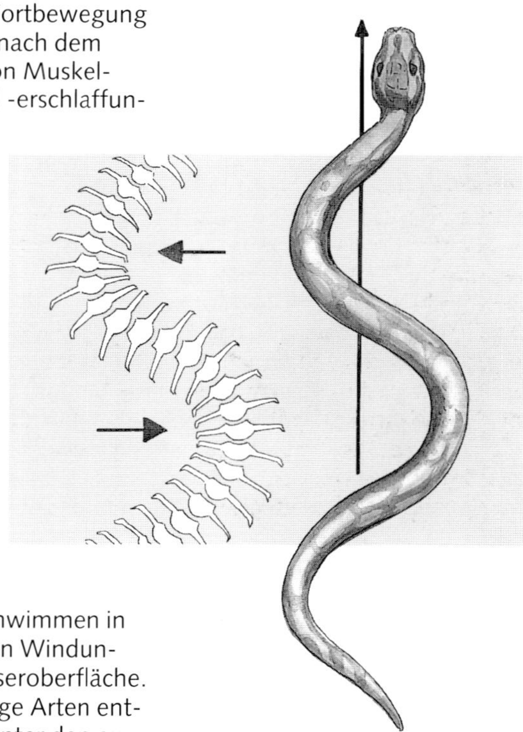

3 Muskelkontraktionen und -erschlaffungen ermöglichen die Vorwärtsbewegung der Schlange.

Die Geschwindigkeit mit der sich eine Schlange im Gelände fortbewegt, wird meist überschätzt. Versuche haben ergeben, daß Schlangen kaum mehr als 6 km/h erreichen.

Weit öffnet die Afrikanische Eierschlange ihr Maul…

…damit das Ei darin Platz findet.

Die Häutung

Weshalb häuten sich Schlangen? Schlangen wachsen ihr Leben lang, indem die Zellen der mittleren Hautschicht nach außen hin abgestoßen werden und dort eine schützende Hornschicht bilden. Da diese Schicht nicht beliebig dehnbar ist, muß sie von Zeit zu Zeit abgestreift und durch eine neue ersetzt werden.

Was geschieht bei der Häutung? Die Häutung (→ Zeichnung, Seite 46), wird durch eine leicht erkennbare milchige Trübung des gesamten Schlangenkörpers eingeleitet. Besonders stark von dieser Trübung sind die sonst klaren Augen betroffen. Nach einigen Tagen verschwindet diese Erscheinung wieder, und die Schlange beginnt in der Regel bald danach, ihre Schnauzenspitze kraftvoll an harte Gegenstände zu drücken, um die Haut zum Platzen zu bringen. Ist dies gelungen, schiebt sie sich mit Vorliebe zwischen eng beieinander liegenden Gegenständen durch; die alte Haut wird dabei vom Kopf bis zur Schwanzspitze wie ein engsitzender Handschuhfinger von innen nach außen gestülpt und abgestreift. Bei Terrarientieren ist eine einwandfreiverlaufende Häutung, also das Abstreifen des Natternhemdes in einem durchgehenden Stück, ein Zeichen für Gesundheit und Wohlbefinden.

Fortpflanzung

Paarungszeit: Die Fortpflanzung der Schlangen ist an feste Zeiten gebunden. Sie wird von den Umwelteinflüssen der einzelnen Verbreitungsgebiete bestimmt. In der Regel ist es die Zeit nach der Überwinterungspause. Dann gehen die Schlangen, die normalerweise Einzelgänger sind, auf Wanderschaft, um einen Partner oder eine Partnerin zu finden. Von einigen Arten ist bekannt, daß die Männchen untereinander Scheinkämpfe, sogenannte Komment-

Das Ei nimmt deutlich sichtbar seinen Weg.

kämpfe (→ Zeichnung, Seite 14), abhalten, in denen entschieden wird, wer letztlich als Stärkerer das Feld behauptet.
Vor der Begattung finden bei den meisten Schlangen lang andauernde Paarungsspiele statt. Um ein Erkennen der Geschlechter untereinander zu ermöglichen, werden Geruchspartikel aus den Hautdrüsen abgesondert. Der aktive und sichtlich erregtere Teil ist das Männchen, das Körperkontakt mit dem Weibchen sucht. Das Weibchen antwortet mit vorwärtsgerichtetem Zukken des Körpers, oft verbunden mit vibrierendem Schwanzrasseln oder -schlagen.
Begattung: Während des Paarungsspiels versucht das Männchen, seine Kloakenöffnung an die des Weibchens zu bringen.
Hinter der Kloake im Wurzelbereich des Schwanzes liegen beim Männchen in Hauttaschen die beiden Teile des paarigen Hemipenis, seines Geschlechtsorgans.
Mit der Einführung des Hemipenis in die Kloake des Weibchens beginnt der eigentliche Begattungsakt. Er kann sich über mehrere Stunden und Tage hinziehen, da der Hemipenis stachelig ist und sich fest verankert. Während der Begattung folgt das Männchen jeder Bewegung seiner Partnerin. Von einigen Schlangenarten, wie zum Beispiel der Äskulapnatter ist bekannt, daß sich das Männchen bei der Begattung im Nacken des Weibchens verbeißt.
Trächtigkeit: Nach der Paarungszeit trennen sich die Schlangen und werden wieder zu Einzelgängern. Bei einigen Arten stellt das Weibchen für den Verlauf der Trächtigkeit jede Nahrungsaufnahme ein. Dies ist eine lange Fastenzeit, da die Trächtigkeit je nach Art dreißig bis weit über hundert Tage dauern kann.

Absetzen der Eier und Brutpflege: Die meisten Schlangen legen Eier, die sie an geschützten Orten absetzen. Nach dem Legen verlassen sie die Eier; Ausnahmen von der Regel gibt es jedoch auch hier. Am bekanntesten ist die Brutpflege einiger Pythons (→ Zeichnung, Seite 54), die sich schützend um ihre Eier legen und durch rhythmisches Zucken ihres Körpers eine um mehrere Grad höhere Temperatur als die Lufttemperatur erreichen können.

Lebendgebärende Schlangen: Einige Schlangenarten bringen lebende Junge zur Welt, unter anderem die Boas, die europäische Glattnatter und die Mehrzahl der hochgiftigen Vipern und Grubenottern.

Dies hat den Vorteil, daß die Eier nicht »dem Zufall« überlassen bleiben, sondern im Verlauf der Inkubationszeit (Entwicklungszeit des Keimes im Ei) dem schützenden Mutterleib anvertraut sind. Da das Muttertier immer bemüht ist, die für sich günstigste Temperatur durch Sonnenbaden zu erreichen, kommt das auch der Nachkommenschaft zugute. Einige Schlangen zögern die Geburt ihrer Jungen hinaus, wenn ungünstige Witterungsbedingungen herrschen. Von der Kreuzotter ist bekannt, daß sie den Zeitpunkt der Geburt sogar über den Winter hinweg in das klimatisch günstigere, folgende Frühjahr verzögern kann.

Bei der Lebendgeburt durchstoßen die Jungschlangen noch im Körper des Muttertieres oder während des Geburtsvorganges die Eihaut und kommen als fertige Miniaturausgaben ihrer Art mit allen Funktionen und Verhaltensmustern zur Welt.

Die Jungschlangen

Schon bald nach der Geburt erfolgt eine Häutung, an die sich die ersten »Jagdausflüge« anschließen. Da die Jungschlangen eine begehrte Beute für manche ihrer Feinde, wie Greifvögel oder Beutegreifer (zum Beispiel Raubkatzen) sind, muß sich ihr Wachstum schnell vollziehen. Daher haben sie einen im Verhältnis zu erwachsenen Schlangen wesentlich größeren Nahrungsbedarf (→ Seite 28).

Oftmals zeigen die gegen Gefahren anfälligen Jungschlangen ein anderes Verhalten oder Aussehen als erwachsene Tiere. Zum eigenen Schutz bevorzugen sie eine versteckte oder nächtliche Lebensweise oder sind weniger auffällig gefärbt als ihre wehrhafteren erwachsenen Artgenossen. So zeigen die frisch geschlüpften Gelben Erdnattern (*Elaphe obsoleta*) eine graubraune Zeichnung auf hellerem Grund; erst mit zunehmendem Längenwachstum nach etwa sechs Monaten nehmen sie die auffälligere gelb-orange Färbung der erwachsenen Tiere an.

Während der Paarungszeit kommt es bei manchen Arten zu Scheinkämpfen.

Wichtige Überlegungen zur Anschaffung

Vor dem Kauf einer Schlange sollten Sie sich einige Fragen stellen. Erlaubt Ihnen Ihr Mietvertrag die Haltung einer Schlange? Sind Sie bereit, Geld und Zeit für Ihr neues Hobby zu opfern? Wird es Ihnen möglich sein, Futtertiere zu beschaffen, und finden Sie es nicht abstoßend, der Schlange lebende Tiere zu füttern? Entscheidungshilfe bei diesen Fragen sollen Ihnen die folgenden Punkte bieten.

Rechtliche Bestimmungen

Mietrechtliche Bestimmungen: Während die Haltung von kleinen Reptilien (Fröschen, Schildkröten, Echsen) in Terrarien mietrechtlich völlig unbedenklich ist, kann die Haltung von Schlangen in der Mietwohnung zu Problemen führen. Sie wird von Richtern als »ungewöhnlich« eingestuft (Amtsgericht Langen, Az.: 52 C 709/87). Wenn keine Gift- oder Riesenwürgeschlangen gehalten werden (Amtsgericht Rüsselsheim, Az.: 3 C 1049/86; Landgericht Bochum, Az.: 7 T 767/88; Oberlandesgericht Frankfurt, Az.: 20 W 149/90) und keine Geruchsbelästigung von der Schlangenhaltung ausgeht (Amtsgericht Köln, Az.: 213 C 363/89), ist vom Vermieter die Genehmigung zu erteilen. Brechen die Tiere aus ihrem Terrarium aus, kann diese Genehmigung widerrufen werden, wenn bei den Mitbewohnern berechtigte Angstgefühle entstehen (Amtsgericht Frankfurt, Az.: 33 C 2974/86-50). Da Gift- und Würgeschlangen in der Regel als gefährlich eingestuft werden müssen, gelten diese Grundsätze auch bei der Haltung von Giftschlangen in der Eigentumswohnung (Landgericht Bochum, Az.: 7 T 767/88).

Artenschutz: Vergewissern Sie sich vor dem Kauf einer Schlange auch, ob sie nicht zu einer der Arten gehört, die geschützt sind; erkundigen Sie sich bei der für Ihren Wohnort zuständigen Naturschutzbehörde nach den örtlichen Bestimmungen zum Erwerb dieser Tierart. Da die Bestimmungen sich ständig ändern, übersteigt eine Auflistung den Umfang des Buches und wäre oft nach kurzer Zeit überholt (Artenschutz, → Seite 58).

Kosten der Schlangenhaltung

Der Kaufpreis einer Schlange ist von verschiedenen Faktoren abhängig. Jungtiere sind meist preiswerter als erwachsene Exemplare. Der Preis wird von den Händlern oft nach der Länge und nach der Seltenheit der Tiere berechnet. Einige Schlangen, wie die Erdnatter, die von Hobbyterrarianern in großer Zahl nachgezüchtet worden ist, wechseln oft für nur DM 50,- ihren Besitzer. Andere Arten, wie der Grüne Baumpython oder der Schwarzkopfpython, haben einen Handelswert zwischen DM 1000,- und DM 3000,-. Auch das Terrarium ist eine nicht zu unterschätzende Investition. Besonders, wenn es formschön sein soll und in die Wohnungseinrichtung integriert werden muß. Auch durch die Haltung der Tiere entstehen Ihnen Kosten, zum Beispiel für Futter, Strom für Heizung und Beleuchtung, tierärztliche Versorgung.

Wenn Sie Zweifel haben, ob Sie in Ihrer Wohnung ein Schlangenterrarium haben dürfen, wenden Sie sich am besten an eine Mieterberatung oder einen Rechtsanwalt.

Wo bekommen Sie eine Schlange?
Im Zoofachhandel: Schlangen sind immer häufiger im Sortiment des Zoofachhandels zu entdecken. Es gibt dort Personal, das fachkundig beraten kann, auch in Hinblick auf die Haltung und die notwendigen technischen Hilfsmittel. Der Fachhändler ist in der Regel bereit, seine Kontakte auszuschöpfen, um Ihnen Ihre »Wunschschlange« zu besorgen. Besuchen Sie alle Zoofachgeschäfte Ihrer Umgebung, und vergessen Sie nicht die Zooabteilungen der großen Kaufhäuser und der großen Gartencenter.
Von Hobbyzüchtern: Sollten Sie dort keinen Erfolg haben, beschaffen Sie sich Aquarien- und Terrarienzeitschriften (R Literatur, Seite 62). Dort inserieren sowohl Händler als auch Hobbyterrarianer, die ihre Nachzuchttiere anbieten. Sie sollten, diese Inserenten besuchen, um die angebotenen Tiere anzusehen.
Falls es sich um eine artengeschützte Schlange handelt, muß Ihnen beim Kauf die CITES-Bescheinigung ausgehändigt werden, die Sie als rechtmäßigen Besitzer des Tieres ausweist (→ Artenschutz, Seite 58).

Wählen Sie niemals ein krankes Tier
Bei Großhändlern kommt es leider manchmal vor, daß aus Platzgründen Tiere massenweise in Kleinstbehältern untergebracht werden. Untersuchen Sie dann die Schlangen auf jeden Fall (Greifen einer Schlange → Zeichnung, Seite 26). Äußere Verletzungen können zwar schnell heilen, hinterlassen jedoch oft unschöne Narben.

- Kaufen Sie niemals Tiere mit nässenden Wunden, denn es läßt sich meist nicht beurteilen, ob es sich um eine harmlose Verletzung oder um eine Mykose, eine ernst zu nehmende Pilzerkrankung handelt.
- Auf keinen Fall sollten Sie eine Schlange mit Mundfäule (→ Seite ••) erstehen. Selbst erfahrene Terrarianer haben Schwierigkeiten mit der Bekämpfung dieser Krankheit.

Kranke Tiere aus Mitleid zu erwerben, kann selbst bei einem Sonderpreis teuer werden, denn Medikamente zur Behandlung einer erkrankten Schlange sind ziemlich kostspielig. Oft verweigern geschwächte Tiere jede Futteraufnahme und gehen schließlich ein.

Gesellschafts- oder Einzelhaltung
Schlangen in freier Wildbahn sind Einzelgänger. So ist auch im Terrarium die Einzelhaltung am besten. Trotzdem können Sie, mehrere Tiere in einem Behälter unterbringen.
Die Haltung im Gemeinschaftsterrarium: Es muß so viel Raum zur Verfügung stehen, daß die Schlangen sich gegenseitig ausweichen können. Zur richtigen Größe des Terrariums kann Sie der Zoofachhändler beraten. Mehrere Ruheplätze in unterschiedlichen Temperaturbereichen (→Seite 19) sind erforderlich, damit die Tiere sich ihre Vorzugstemperatur suchen können.
Wer mehrere Schlangen in einem Terrarium halten möchte, sollte das mit unempfindlichen und eingewöhnten Tieren tun, die auch dann noch Futter aufnehmen, wenn sie aus ihrer gewohnten Umgebung in ein spezielles Fütterungsbecken gebracht werden.
Auf Arten, die sich gut vergesellschaften lassen, wird im Porträtteil (→ Seite 42 bis 58) hingewiesen.

Probleme der Gesellschaftshaltung
Kannibalismus: Einige Schlangenarten lassen sich, selbst mit der gleichen Art, nur schlecht vergesellschaften; besonders solche, zu deren Beute in freier Wildbahn andere Reptilien gehören. Ich selbst weiß dies aus schlechter Er-

Angriffsbereit fixiert dieser Grüne Baumpython seine Beute.

fahrung: Nach langem Suchen fand ich für meine männliche Königsnatter, die ausschließlich von Mäusen ernährt wurde, ein weibliches Gegenstück. Trotz Warnung vergesellschaftete ich die beiden Tiere, weil gerade Paarungszeit war. Zu meiner Freude konnte ich nach einiger Zeit die Begattung beobachten. Ich ließ beide Tiere im gleichen Behälter. Etwa drei Wochen später war das Weibchen verschwunden. Ich durchsuchte erfolglos alle Versteckmöglichkeiten, bis mir plötzlich die ausgestreckte Lage und der runde Leib der größeren Schlange auffiel. Das Männchen hatte seine Partnerin »zum Fressen gern« gehabt.

Fütterung im Gemeinschaftsterrarium: Hier kann es Probleme geben. Meine sechs *Elaphe obsoleta quadrivittata* (Erdnattern) – Geschwister und immer zusammen vergesellschaftet – mußten bei der Fütterung getrennt werden. Die Versuche, sie gemeinsam zu füttern, endeten in einem Chaos von wild ineinander verbissenen Tieren. Hier

Schlangen als Heimtiere finden immer weitere Verbreitung. Dieses zunehmende Interesse hat dazu geführt, daß im Handel hervorragend ausgestattete Terrarien angeboten werden.

half nur das Benetzen der Schlangenmäuler mit Alkohol, damit die Tiere wieder voneinander abließen.

Der Transport nach dem Kauf
Nehmen Sie stabile Leinensäcke in verschiedenen Größen mit, die sich ausbruchsicher zubinden lassen. Der Händler wird zwar auch über Verpakkungsmaterial verfügen, aber in der Regel ist es bereits mehrfach benutzt worden. Dadurch wird die Gefahr erhöht, eine Krankheit in den eigenen Tierbestand einzuschleppen.
Der Transport ist für Ihre Schlange eine Streßsituation. Transportieren Sie sie daher möglichst behutsam. Sehr praktisch und gut geeignet ist ein Styroporkasten, in dem Sie den Leinensack mit der Schlange befördern können, damit Temperaturschwankungen nicht zu stark auf das Tier einwirken.

Bereitstellen des Terrariums
Bereits vor dem Kauf einer Schlange ist es notwendig, ein funktionstüchtiges Terrarium zur Verfügung zu haben.
Die meisten Terrarianer mit größerem Tierbestand halten dafür stets einen Quarantänebehälter bereit, den sie getrennt von den übrigen Terrarien unterbringen. Damit wird weitgehend ausgeschlossen, daß ihre gesunden Tiere von einer eventuell nicht erkannten Erkrankung der neuerworbenen Schlange angesteckt werden.
Sie sollten Ihre »Neuerwerbung« zu Hause erst für mindestens vierzehn Tage in einem übersichtlichen Quarantänebehälter beobachten (→ Seite 24).
Wenn Sie nun die Größe Ihrer Schlange kennen und sich bereits vorher mit ihren Lebensansprüchen vertraut gemacht haben, bleibt Ihnen genügend Zeit, ein Terrarium einzurichten, das artgerecht ist und auch Ihren ästhetischen Ansprüchen entspricht.

Das richtige Terrarium und seine Ausstattung

Das Angebot des Fachhandels an Terrarien ist in den vergangenen Jahren mit steigender Nachfrage recht umfangreich geworden.
Vor allem für Jungtiere und klein bleibende Schlangen kann ein fertig gekauftes Terrarium ihren Bedürfnissen entsprechend eingerichtet werden. Bei größeren Arten sollten eventuell die Sonderanfertigung eines Terrariums in Betracht ziehen. Der Zoofachhändler wird Sie gern beraten.
Es gibt im Fachhandel ein großes Sortiment: Vom ganz normalen Standardterrarium – viereckig und mit zwei Schiebetüren – über Eck- und Wandterrarien bis hin zu aufwendig gebauten Achteckterrarien ist für jedermanns Geschmack und Geldbeutel etwas dabei.
Besonders zu empfehlen sind Terrarien mit Hohlboden für Heizplatten oder -kabel und mit Schächten, die die unansehnlichen Elektrokabel aufnehmen.
Es gibt zwei Grundformen bei den angebotenen Terrarien:
Hochterrarien sind besonders für baumbewohnende Schlangen geeignet, da Sie ihnen hier auch in Gefangenschaft gute Klettermöglichkeiten bieten können.
Niedrige, langgestreckte Terrarien genügen den Ansprüchen ausschließlich bodenbewohnender oder wühlender Schlangen.
Da für alle Schlangen, die wir vorstellen, die Terrarien, die im Fachhandel angeboten werden geeignet sind, verzichten wir auf eine genaue Anleitung zum Selbstbauen. Denn ein in Serie gefertigtes Terrarium aus dem Handel ist kostengünstiger als ein selbstgebautes, besonders, wenn Sie Ihren Zeitaufwand mitberücksichtigen.

Die Größe des Terrariums
Allgemeingültige Angaben über die Behältergröße sind schwierig, da sie sich nach der Größe und Bewegungsfreudigkeit der jeweiligen Schlange richtet. Ein wenig Gespür für die erforderliche Größe eines Terrariums muß jeder selbst entwickeln. Auch kann der Zoofachhandel oder ein erfahrener Terrarianer bei der Auswahl beraten. Für eine von mir gehaltene *Boa constrictor* von 150 cm Länge stellte sich ein Terrarium in den Maßen 120 cm x 80 cm x 70 cm (Länge x Breite x Höhe) als völlig ausreichend heraus.

Sicherheit ist unerläßlich
Es ist selbstverständlich, daß Schlangenterrarien stabil gebaut sein müssen, um ein Entweichen der Tiere zu verhindern. Deckel und Schiebescheiben müssen durch Schlösser oder Sperriegel gesichert werden, denn manche Schlangen entwickeln ein ungeahntes Gespür im Auffinden von Schwachstellen ihrer Behausung. Verwenden Sie elektrische Geräte nur genau nach Bedienungsanleitung.

Die Beheizung
Schlangen sind als Kaltblüter nicht in der Lage, ihre Körpertemperatur selbst zu regeln; ihr Wohlbefinden ist davon abhängig, daß Sie ihnen die richtige Temperatur bieten. Deshalb sollte im Terrarium unbedingt ein Thermostat installiert sein (→ Zeichnung, Seite 23). Äußerste Vorsicht müssen Sie bei der Beheizung von Kleinterrarien walten lassen, denn sie sind sehr schnell überheizt.
Zwei Möglichkeiten gibt es zur Beheizung eines Terrariums:
• Besonders zu empfehlen sind die im Handel erhältlichen Heizplatten mit 3 Wärmezonen, die den Schlangen die Möglichkeit bieten, sich jene Temperatur auszuwählen, die ihnen gerade angenehm ist. Diese Platten haben zudem den Vorteil, unter der Bodenplatte des Terrariums verlegt werden zu können, so daß keine Stromleitungen im Innenteil des Behälters verlaufen. Auch Schlangen, die im Boden wühlen, sind somit nicht gefährdet.
• Wer baumbewohnende Schlangen pflegt, die nur ungern den Boden aufsuchen, sollte allerdings ein Heizkabel fest verankert in eine Astdekoration verlegen, jedoch so, daß die Schlangen der Wärmequelle ausweichen können.

Ein gut eingerichtetes Terrarium kann eine Zierde im Wohnzimmer sein.

Die Belüftung
Leider wird der Belüftung eines Terrariums oft nicht die notwendige Aufmerksamkeit geschenkt. Das Wohlbefinden der Insassen ist nur dann sichergestellt, wenn ein einwandfreier Gasaustausch erfolgen kann. Zweckmäßigerweise nutzt man dazu die installierte Wärmequelle; die aufsteigende

In der kargen Landschaft Afrikas verkriecht sich dieser Felsenpython in einem Sandloch.

Wärme transportiert die Luft. Bei industriell gefertigten Terrarien ist die Anordnung von Be- und Entlüftungsfenstern so günstig, daß eine ständige Umwälzung der Luft gewährleistet ist.

Die richtige Beleuchtung

Zum Wohlbefinden sonnenhungriger Reptilien trägt auch das Licht bei.

• Leuchtstoffröhren, wie sie in industriell gefertigten Terrarien entweder vorgesehen oder bereits installiert sind, sind stromsparend, und haben den Vorteil, daß ihr Licht dem Tageslicht am ähnlichsten ist. Nahezu ideal ist die Kombination normaler Leuchtstoffröhren mit Tageslichtröhren die einen UV-Anteil abgeben.

Wenn Sie Schwierigkeiten haben, diese Röhren zu bekommen, wenden Sie sich an einen Zoofachhändler mit Seewasseraquaristik, denn hier ist der Gebrauch der Tageslichtröhren bereits Standard.

• Wenn Sie jedoch keine Möglichkeit haben, diese Röhrenkombination zu installieren, sollten Sie etwa zweimal wöchentlich die Schlangen mit einem UV-Wärmestrahler bestrahlen, da das Licht zur Bildung des Vitamin D im Körper notwendig ist. Doch sollten Sie unbedingt darauf achten, daß die Tiere sich der Einwirkung der Bestrahlung entziehen können, wenn die bevorzugte Körpertemperatur überschritten ist.

Frischwasser und Luftfeuchtigkeit
Schlangen müssen jederzeit frisches Wasser zur Verfügung haben.
Ein Trinkgefäß aus Plastik oder Glas wird so installiert, daß es leicht und ohne die Tiere zu stören täglich entnommen werden kann. Da manche Schlangen gerne ins Wasser koten, ist eine regelmäßige Reinigung erforderlich, um Infektionen zu vermeiden.
Das Frischwasser muß leicht temperiert ins Trinkgefäß gegeben werden. Nach Möglichkeit sollte das Gefäß der Körpergröße der Tiere angepaßt sein; denn nicht nur Wasserschlangen baden oft tagelang, sondern auch andere Schlangen halten sich vor der Häutung ausgiebig im Wasserbecken auf.
Einsprühen: Einigen Schlangen sollten Sie den »täglichen Service« des Einsprühens mit einer Blumenspritze bieten. Viele Schlangen, zum Beispiel *Elaphe oxycephala*, trinken nur ungern aus Gefäßen und ziehen es vor, das abtropfende Sprühwasser aufzusaugen. Außerdem erhöhen Sie durchs Sprühen die Luftfeuchtigkeit im Terrarium. Zur Kontrolle der Luftfeuchtigkeit ist die Installation eines Hygrometers erforderlich.
Wenn Sie zusätzlich Pflanzen in den Behältern pflegen, empfiehlt es sich, weiches (entkalktes) Wasser zu verwenden, da sonst die Blätter mit der Zeit unansehnliche Kalkränder zeigen. Für die Tiere spielt es keine Rolle, ob das Wasser kalkhaltig ist oder nicht.

Der Bodengrund im Terrarium
Ein falsch gewählter Bodengrund kann zu einer gesundheitlichen Gefährdung der Schlangen führen. Grundsätzlich muß die gesamte Bodenfläche jederzeit ohne großen Aufwand kontrollierbar sein, um Kot und Harnstein so schnell wie möglich entdecken und entfernen zu können, damit eine Infektionsgefahr weitgehend ausgeschlossen wird. Folgende Materialien bieten sich als Bodengrund an:
Zeitungs- oder Fließpapier, mit dem manche Terrarianer das Terrarium auslegen, ist steril und hygienisch. Es hat den Vorteil, daß der gesamte Bodengrund in wenigen Minuten ersetzt werden kann. Den Schlangen ist diese für unsere Augen triste Einrichtung sicherlich gleichgültig, doch da das Terrarium in den meisten Fällen im Wohnzimmer stehen und zur Einrichtung passen soll, ist das völlig sterile und optisch unattraktive Zeitungspapier bestenfalls zu Quarantänezwekken geeignet .
Torf, Torfsandgemische oder Walderde, mit Rinde, Laub und Steinen versetzt, bieten sicher einen reizvollen Anblick. Sie sollten jedoch bedenken, daß Hygiene das oberste Gebot bei der Schlangenhaltung ist und sich diese Bodengrundbeläge nur sehr schwer sterilisieren lassen. Exkremente sind bei diesen Gemischen schlecht festzustellen, und die Gefahr einer bakteriellen Zersetzung ist außerordentlich groß. Außerdem sollte heute aus ökologischen Gründen auf die Verwendung von Torf verzichtet werden, da die Vorräte bald aufgebraucht sind.
Weißer steriler Quarzsand, wie es ihn in Tierfachgeschäften gibt, ist der beste Bodengrund. Er ist in der Anschaffung zwar am teuersten; doch wenn Sie bedenken, welche Unannehmlichkeiten Sie sich unter Umständen durch Verhinderung von Krankheiten beim Tierbestand ersparen können, ist er letztlich am preiswertesten. Wer sein Terrarium täglich inspiziert, wird Harnstein und Kot bei dieser Bodenschicht nicht übersehen, denn selbst bei bodenwühlenden Schlangen ist die Gefahr gering, daß die Exkremente in kurzer Zeit untergewühlt werden.

PRAXIS Innendekoration

Wenn Sie ein Terrarium ausgewählt haben, das für Ihre Schlange gut geeignet ist und am vorgesehenen Platz attraktiv aussieht, müssen Sie es mit den technischen Notwendigkeiten versehen. Je nach Art des Bewohners müssen Sie Heizplatten (→ Seite 19) anbringen, um für das richtige Klima zu sorgen. Auch eine zusätzliche Lichtquelle (→ Seite 20) und das Trinkgefäß (→ Seite 21) dürfen nicht fehlen.
Unerläßlich ist ein sicheres Schloß, das der Schlange Ausbrüche unmöglich macht (→ Seite 19). Da industriell gefertigte Terrarien nicht nur für Schlangen gedacht sind, ist nicht in jedem Fall bereits ein Schloß vorhanden. Denken Sie beim Kauf des Behälters daran, ein entsprechendes Schloß zu erstehen (→ Zeichnung 2).
Dann sollten Sie Ihrem Tier eine attraktive Umgebung mit Versteckplätzen oder – je nach Art – Klettermöglichkeiten schaffen.

Steindekorationen
Zeichnung 1
Fast alle Schlangenarten haben gern einen Platz, an den sie sich zurückziehen können; dafür eignen sich Steine gut. Außerdem beiten auch Steine eine zusätzliche Klettermöglichkeit und eine Reibungsfläche als Hilfe bei der Häutung.

- Die Steine sollten nicht zu leicht gewählt werden, da einige Schlangen sie untergraben oder die rauhen Stellen der Steine zur Unterstützung bei der Häutung nutzen. Die Kraft, die die Tiere dabei entwickeln, sollte keinesfalls unterschätzt werden. Ein umstürzender Stein kann die Terrarienscheibe zertrümmern oder Terrarieninsassen verletzen oder töten.
- Am besten ist es, wenn Sie mehrere schwere Stein- oder Felsbrocken so zusammenzementieren, daß sie einerseits eine Höhlung als Ruhe- und Versteckplatz bilden und andererseits den Schlangen einen erhöhten Ansitz bieten (→ Zeichnung 1).

Bei Steinen sollten Sie nicht nur auf die dekorative Wirkung achten. Ich hatte in einem Terrarium von der Mitte aus terrassenförmig zur Rückwand hin ansteigend die Steine mit Zement verbunden und alle Fugen zusätzlich mit Moltofill verputzt. Das »Trockenterrarium« machte anfangs auch einen dekorativen Eindruck; mit der Zeit jedoch wurde das Sauberhalten zur Qual, denn Kot- und Häutungsreste waren oft nur mit der Pinzette und nach einigen Verrenkungen zu entfernen.

Kletterbäume
Zeichnung 1 und 3
Baumschlangen brauchen unbedingt eine Klettermöglichkeit, doch auch die meisten anderen Schlangen, mit Ausnahme der bodenwühlenden, nehmen im Terrarium dieses Angebot gerne an.
Einige Punkte sollten Sie vor und bei der Anbringung von Kletterbäumen beachten:

1 Ein Baum zum Klettern, Steine als Unterschlupf und ein Trinkgefäß mit frischem Wasser – so fühlt sich die Schlange wohl.

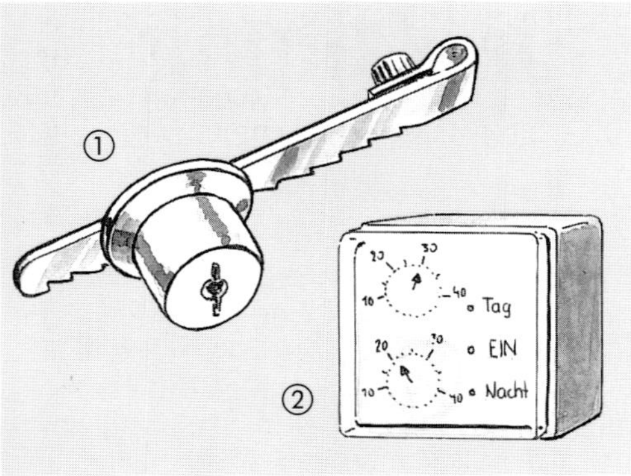

2 Da Schlangen gute Ausbrecher sind, ist ein sicheres Schloß unabdingbar ①. Ein Thermostat zur Regelung der Temperatur sollte im Terrarium installiert sein ②.

- Das Holz des Astes muß trokken und ohne Befall von Schimmel oder anderen Baumpilzen sein
- Kochen Sie den Ast vorsorglich in Wasser aus und desinfizieren Sie ihn im Wochenabstand mehrfach mit einem Desinfektionsmittel. Besonders bei einem feuchtheißem Terrarienklima ist die Fäulnisgefahr sehr groß.
- Verankern Sie jeden Ast an mindestens zwei Stellen, damit er unter dem Gewicht der Schlange nicht umstürzen kann. Der Ast wird auf einem Holzbrett festgeschraubt. Dieses Holzbrett kann bei Holzterrarien ebenfalls angeschraubt werden, bei Glasterrarien wird es mit Silikonkleber befestigt (→ Zeichnung 3).
- Besonders schöne, auf Ihr Terrarium und ihre Wohnumgebung abgestimmte Kletterbäume können Sie mit Modellier- und Kunstharzmassen (aus dem Bastelgeschäft) aus Einzelästen selbst gestalten.

Korkröhren – Isolation und Dekoration

Eine ansprechende Dekoration sind die in Zoofachhandel und Blumengeschäften erhältlichen Korkröhren, bei denen eine Verrottung nahezu ausgeschlossen ist. Sie eignen sich besonders für die Innenverlegung von Heizkabeln und für die Versenkung von Pflanzentöpfen in den Hohlraum.

Die Rückwand als Blickfang?

Sicher verlockt es jeden Neuling in der Schlangenhaltung, seinem Terrarium eine möglichst attraktive, eine natürliche Umgebung imitierende Rückwand als Blickfang zu geben, die sich harmonisch zur übrigen Innendekoration fügt. Doch hat langjährige Erfahrung gezeigt, daß es am einfachsten und sichersten ist, die Rückwand glatt zu belassen. So ist sie pflegeleicht und bietet den Schlangen keine Möglichkeit, sich zu verstecken. Bei einer Rindenrückwand ist mir folgendes passiert: Jede einzelne Platte war fest und unverrückbar auf die Rückwand des Terrariums geschraubt. Die Lükken zwischen den einzelnen Rindenplatten waren so gering, daß es mir unmöglich erschien, daß eine 1,2 m lange Kettennatter (*Lampropeltis getulus holbrooki*) durchschlüpfen könnte. Doch die Schlange hatte bereits am nächsten Tag Teile der Rindenplatten »abgehebelt« und war hinter der Dekoration verschwunden. Da sich das Tier kaum mehr sehen ließ, vor allem schnell verschwand, wenn es mich bemerkte, nahm ich die Rindenplatten wieder ab. Denn eine Kontrolle war so nicht mehr möglich.

Pflanzen im Terrarium

Von der Bepflanzung eines Schlangenterrariums ist generell abzuraten, weil die Tiere in der Regel die Pflanzen zerstören oder durch ihr Körpergewicht niederdrücken. Wenn bei einer Art die Bepflanzung des Behälters mit robusten Pflanzen möglich ist, wird darauf im Porträtteil (→ Seite 42 bis 58) hingewiesen.

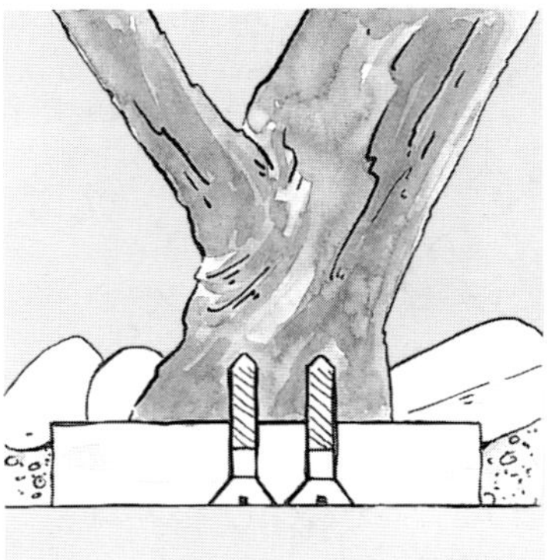

3 Der Kletterast muß so befestigt sein, daß er dem Gewicht der Schlange standhält.

Grundregeln für Haltung und Pflege

Mit großem Interesse betrachtet diese Rauhe Grasnatter ihre Umgebung.

Die Schlange kommt ins Haus
Wenn Sie Ihre Schlange erworben und nach Hause gebracht haben, lassen Sie das Tier zunächst für etwa zwei Wochen zur Beobachtung im Quarantänebehälter (→ Seite 18).
Beachten Sie die folgenden Punkte:

- Den Transportbehälter und das Transportsäckchen werfen Sie besser sofort in die Mülltonne, denn wegen der eventuellen Infektionsgefahr sollten Sie darin nicht nochmals andere Tiere transportieren.
- Behandeln Sie Ihre Schlange sofort gegen Zecken und Milben, selbst dann, wenn Sie an ihr keinen Befall dieser Ektoparasiten feststellen können. In der Apotheke gibt es unterschiedliche Zeckenmittel, teils in Pulver-, teils in flüssiger Form. Lassen Sie sich im Fachhandel oder von erfahrenen Terrarianern beraten.
- Lassen Sie Ihrer Schlange zunächst Zeit, sich mit der neuen Umgebung vertraut zu machen und sich vom Streß des Transports zu erholen. Die Versuchung, dem Tier schon bald Futter anzubieten, ist verständlich. Doch erst nach 24 Stunden können Sie versuchen, die erste Fütterung vorzunehmen. Nehmen Sie das Futtertier wieder heraus, wenn Ihre Schlange erschrokken reagiert, und wiederholen Sie den Versuch erst zwei Tage später.

Wichtig: Alle Geräte, die Sie am Quarantänebehälter zum Reinigen und Füttern gebrauchen dürfen nicht bei den anderen Terrarien verwendet werden; es besteht die Gefahr, daß Krankheiten übertragen werden.

Wie eine Schlange umgesetzt wird
Schlangen sind keine Streicheltiere. Es ist deshalb selbstverständlich, daß Sie sowenig wie möglich gestört und angefaßt werden sollen. Trotzdem werden sich im Laufe der Terrarienhaltung Situationen ergeben, die es unumgänglich machen, ein Tier anzufassen; unter Umständen wird ein Umsetzen von einem Behälter in einen anderen erforderlich.
Bei großen und aggressiven Schlangen bedienen Sie sich beim Umsetzen einer Schlupfkiste, einem Behälter, der bis auf das Einschlupfloch allseits abgeschlossen ist. Als Schlupfkiste kann ein Karton in entsprechender Größe dienen, in dessen Seitenwand ein Loch fürs Hineinschlüpfen der Schlange gemacht wurde. Wenn Sie es mit dem Umsetzen nicht eilig haben, können Sie abwarten, bis die Schlange den dunklen Ort als Ruheplatz aufsucht; das Einschlupfloch wird – mit einem Stück Karton oder einem Brett – verschlossen, und das Tier kann – ohne sich zu erregen – transportiert werden. Steht nicht genügend Zeit zur Verfügung, können Sie die Schlange vorsichtig mit einem Stock oder ähnlichem anstupsen und sie so veranlassen, die Schlupfkiste als Zufluchtsort aufzusuchen.
Kleine und wenig aggressive Schlangen können ohne weiteres mit einem lockeren Griff um die Körpermitte aufgenommen und transportiert werden. Keinesfalls dürfen wir hart zufassen, da wir die Schlange sonst zu Flucht- oder Beißreflexen veranlassen.

Relativ einfach zu halten ist die Strumpfbandnatter (Thamnophis sirtalis).

Achtung: Dies gilt jedoch nur für kleine und wenig aggressive Schlangen.
Wer Angst vor Bißverletzungen hat, sollte vorsichtshalber Handschuhe als Schutz überziehen. Bei großen, kräftigen Schlangen sind feste Arbeitshandschuhe empfehlenswert; bei kleinen Schlangen sind Gummihandschuhe besser geeignet, durch die Sie auch eine kleine Schlange noch »fühlen« können.

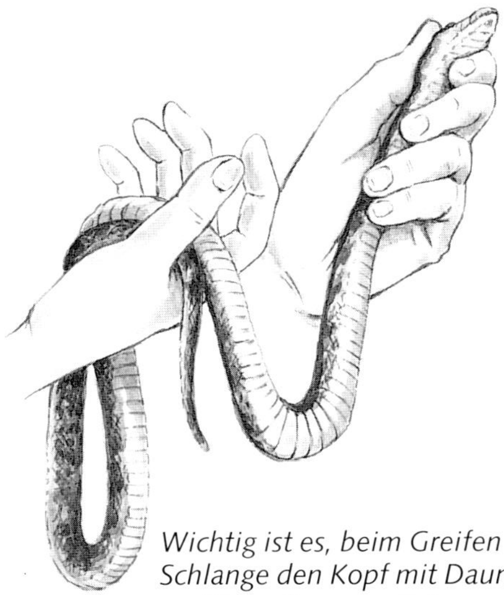

Wichtig ist es, beim Greifen der Schlange den Kopf mit Daumen und Zeigefinger zu fixieren.

Reinigungsarbeiten im Terrarium

Da Schlangen Kot und Harnstein absetzen, muß das Terrarium aus hygienischen Gründen unbedingt regelmäßig – immer dann, wenn es verschmutzt ist – gereinigt werden.
Die Sauberkeit der Glasscheiben ist nur für den optischen Eindruck des Terrariums wichtig, für das Wohlbefinden der Schlange spielt sie keine Rolle.
Wenn Sie die Glasscheiben herausnehmen, müssen Sie die Schlange zuvor in einen anderen, gut verschließbaren Behälter umsetzen.
Auch beim Reinigen des Terrariums sollten sich Anfänger in der Schlangenhaltung erst einmal durch Handschuhe schützen. Lernen Sie zunächst den Spielraum kennen, den Ihnen die Schlange zugesteht, ehe sie zubeißt.
Schlangen gewöhnen sich bald an das regelmäßige Hantieren im Terrarium und nehmen diese Störung gelassen hin.
Achtung: Erschrecken Sie Ihre Tiere nie durch hektische Bewegungen.

Wenn die Schlange zubeißt

Trotz aller Vorsichtsmaßnahmen kann es geschehen, daß eine Schlange zubeißt. Das ist bei den in diesem Buch vorgestellten Schlangen nicht weiter tragisch, wenn es sich nur um einen kurzen Abwehrbiß handelt, nach dem das Tier sich sofort wieder in Angriffsstellung begibt. Gehen Sie nach einem Schlangenbiß im Zweifelsfall immer zum Arzt.
Die natürliche Reaktion eines Gebissenen ist es, zurückzuzucken. Erfolgt das Zubeißen der Schlange und das Zurückziehen des Gebissenen zur gleichen Zeit, kann das, besonders bei Riesenschlangen, unangenehme Folgen haben: Die Zähne des Tieres verhaken sich in der Bißstelle, die Schlange beißt noch fester zu, versucht sich um den gebissenen Körperteil zu winden und beginnt zu drosseln.
Für einen derartigen Notfall sollte man immer etwas für die Schlange unangenehm Riechendes bereitstellen; nach meinen Erfahrungen genügen bereits einige Tropfen eines stark alkoholischen Getränkes, die der Schlange über den Kopf geträufelt werden. Sie erreichen dabei auch die Schleimhäute des durch den Biß geöffneten Maules und bewegen das Tier zu einer schnellen Flucht.
Wichtig: Lassen Sie nach einem Biß im Zweifelsfall die Wunde immer ärztlich versorgen.

Futterbeschaffung und Fütterung

Futtertiere beschaffen

Im Zoofachhandel: Dies ist der einfachste Weg, um lebende Futtertiere zu erstehen. Weiße Mäuse, Ratten und Fische sind relativ problemlos zu bekommen. Der Zoofachhandel bietet heute auch tiefgefrorene Mäuse aller Altersklassen an.

In Fachgeschäften für Angelsport: Dort gibt es preiswerte Köderfische. Da sie allerdings von den Händlern als Serviceleistung an Angelsportler abgegeben werden, verkaufen manche Händler sie nur ungern an Terrarianer.

Bei Taubenzüchtern: In jeder größeren Stadt gibt es Taubenzüchter, die gern ihre überzähligen Tauben preiswert abgeben. Nehmen Sie mit ihnen Kontakt auf, wenn Sie einen hohen Bedarf an großen Futtertieren haben.

In Geflügelzuchtbetrieben: Sofern Sie über eine Tiefkühltruhe verfügen, können Sie sich einen ausreichenden Futtervorrat aus Eintagsküken anlegen. In Geflügelzuchtstätten werden nur die Hennen aufgezogen und die Hähnchen sofort nach dem Schlupf aus dem Ei abgetötet. Es ist sinnvoll, sich mit mehreren Terrarianern zusammenzuschließen, um eine genügend große Menge an Eintagsküken abnehmen zu können. Die Geflügelzüchtereien geben normalerweise Küken nicht unter hundert Stück ab.

Sollten Sie keinen Kontakt mit Terrarianern haben, die ebenfalls Küken als Futter für ihre Schlangen brauchen, wenden Sie sich am besten an einen Rassekatzenverein. Die Katzenbesitzer beziehen regelmäßig für ihre Tiere größere Mengen von Eintagsküken, und sie werden sicher bereit sein, Ihnen eine Vorratsration zu überlassen.

Eigene Zucht: Es gibt heute für den Schlangenhalter vielfältige Möglichkeiten, sich Futter für seine Tiere zu beschaffen. Daher ist es nicht nötig, hier auf die zeitaufwendige Zucht des in der Schlangenhaltung am meisten verwendeten Futters, der weißen Hausmaus, einzugehen. Wer sich dennoch über Zucht und Haltung der weißen Hausmaus informieren möchte, kann entsprechende Literatur im Fachhandel finden (→ Literatur, Seite 62).

Fütterung mit lebenden Tieren

Wenn Sie Ihre Schlangen mit lebenden Tieren füttern, müssen Sie den Freßakt überwachen.

Nagetiere wie eine Maus oder gar eine Ratte sollten Sie nicht im Terrarium lassen, wenn die Schlange nicht schon nach kurzer Zeit Interesse an ihrem Beutetier zeigt und es tötet. Es kann sonst vorkommen, daß die Nager mit ihrem kräftigen Gebiß die Schlange verletzen. Mäuse oder Ratten werden mit einer Pinzette am Schwanz gefaßt, um sie wieder aus dem Terrarium zu holen.

Fische dürfen nicht über einen längeren Zeitraum im Wasserbehälter des Terrariums gelassen werden. Da das Wasser im Behälter sauerstoffarm ist, würden sie darin qualvoll verenden.

Schlangen verschlingen ihre Beutetiere meist mit dem Kopf voran, damit die Haare sich nicht aufstellen.

Fütterung mit tiefgefrorenen Tieren

Gleichgültig, ob Sie tiefgefrorene Mäuse aus dem Fachhandel oder selbst eingefrorene Eintagsküken aus Geflügelzuchtbetrieben verfüttern, Sie müssen das Futter sorgfältig vorbereiten. Achten Sie auf das rechtzeitige Auftauen und Abtrocknen des Fells oder der Federn. Legen Sie die Tiere, kurz bevor Sie sie den Schlangen geben, noch auf eine Heizung, damit sie gut durchgewärmt werden.

Wie oft muß die Schlange gefüttert werden?

Diese Frage ist äußerst schwer zu beantworten. Selbst Schlangen der gleichen Art, die unter den gleichen Bedingungen gehalten werden und die gleiche Größe haben, können unterschiedlichen Appetit entwickeln. Jeder Terrarianer muß deshalb erst einmal mit seinen »Neuerwerbungen« experimentieren, um die Freßgewohnheiten und den Futterbedarf herauszufinden.
Als Faustregel gilt:

- Jungschlangen geben Sie am besten einmal wöchentlich etwas zu fressen.
- Bei erwachsenen Nattern genügt es, sie alle vierzehn Tage zu füttern.
- Bei Riesenschlangen können Sie mit ruhigem Gewissen nur alle 3 bis 4 Wochen eine ausreichende Mahlzeit anbieten, ohne daß die Schlangen deswegen Hunger leiden müßten.

Überfütterung: Wer sich in der Fütterung seiner Schlangen Beschränkungen auferlegt, verfährt damit in jedem Fall besser als mit einer ängstlichen Überfütterung. Zuviel Futter wirkt sich eher ungünstig auf die Lebensdauer und die Fortpflanzungsfähigkeit aus.

Ruhe nach dem Fressen

Nachdem die Schlangen gefressen haben, ziehen sie sich gerne auf Ruheplätze zurück und bleiben oft bis zur vollständigen Verdauung inaktiv. In diesem Zeitraum sollten die Tiere möglichst wenig gestört werden. Beunruhigungen und falsche Temperaturen im Terrarium können dazu führen, daß das Futter unverdaut oder nur teilweise verdaut ausgewürgt wird.

Futterverweigerung in neuer Umgebung

Bei einigen Schlangen kann es lange dauern, bis sie in neuer Umgebung das erste Mal Futter aufnehmen. Das kann verschiedene Ursachen haben:

- Die Schlange ist tag- oder nachtaktiv, und das Futter wird ihr zur falschen Zeit angeboten.
- Bei einigen Schlangenarten hungern die männlichen Tiere zur Paarungszeit.
- Weibliche Tiere verweigern oft die Nahrungsaufnahme während der Trächtigkeit.
- Die Schlange ist auf den jahreszeitlichen Rhythmus der Überwinterung eingestellt, bei dem sie nie frißt.
- Die Vergesellschaftung mit anderen Tieren ist ungewohnt und wirkt sich hemmend aus.
- Die Schlange ist in der Häutung, in der selten Beute erworben wird.
- Das Terrarium bietet nicht die bevorzugte Temperatur.
- Das Futter ist in der dargereichten Form zu groß oder zu klein.
- Das angebotene Futter entspricht nicht den gewohnten Beutetieren.

Futterverweigernde Tiere sollten Beute in verschiedener Form angeboten bekommen. Es ist möglich, daß Schlangen, die lebende Mäuse nicht annehmen, frisch getötete Tiere fressen. Einigen Schlangen scheint der intensive Geruch von Mäusen nicht zu behagen; ihnen bietet man am besten junge Ratten oder auch Goldhamster an.
Wie schwierig es sein kann, manche Schlangen zum Fressen zu bewegen,

Die Blutpython zeichnet sich durch einen wuchtigen Körper aus.

möchte ich am Beispiel meiner beiden Hühnerfresser schildern:
Ich erhielt beide Tiere vom gleichen Händler am selben Tag. Sie waren gleich groß (etwa 1,4 m) und wurden gemeinsam in einem Terrarium untergebracht. Eine der Schlangen nahm bereits nach drei Tagen eine Maus an. Da mir das bei der Körpergröße zuwenig erschien, gab ich ihr nach einer Woche wieder eine Maus, die sie ohne Zögern fraß. Bei einer Maus pro Mahlzeit blieb es bei ihr fortan immer, gleichgültig, ob ich in Zeitabständen von vierzehn Tagen fütterte oder den Acht-Tage-Rhythmus beibehielt. Anderen Beutetieren und auch toten Mäusen schenkte sie nie Beachtung.
Die zweite Schlange verweigerte anfangs beharrlich jede Nahrungsaufnahme. Sie ließ die Futtermaus über ihren Körper laufen und zeigte lediglich Schreckreaktionen, wenn die Maus ihr im wahrsten Sinne des Wortes auf den Kopf stieg. Weder tote Eintagsküken noch lebende Goldhamster erweckten ihr Interesse. Nach vier Wochen versuchte ich auf Anraten eines befreundeten Terrarianers nochmals die zwanglose Fütterung mit einer jungen Ratte. Diesmal erfolgreich; die Schlange näherte sich der Ratte zwar äußerst vorsichtig, schnappte sie jedoch nach einiger Zeit. Von dieser Zeit an fraß sie bei jeder Fütterung bis zu fünf Beutetiere in Mausgröße.

Futtermenge

Ebenso unterschiedlich wie bei den beiden Schlangen, von denen oben erzählt wurde, können die Futtermengen sein, die Jungschlangen zu sich nehmen. Zwei meiner Erdnattern, Geschwister aus einem Gelege, zeigten das sehr deutlich. Eines der Tiere fraß vom Zeitpunkt des Schlupfes aus dem Ei an in einem Jahr nur zweiunddreißig Mäuse, die andere Schlange dagegen dreiundsiebzig. Schlangen können also rechte Freß-Individualisten sein, auf deren Ansprüche wir uns einstellen müssen, um sie gesund zu erhalten. Generell richtet sich die Futtermenge nach der Größe der Schlange.

Das Verabreichen von Vitaminpräparaten

Es ist sinnvoll, den Schlangen bei jeder zweiten oder dritten Fütterung ein Multivitamin-Präparat zu verabreichen. Diese Präparate aus der Humanmedizin sind in Kapseln oder auch flüssig erhältlich.
Kapseln lassen sich relativ einfach verfüttern, wenn als Futter tote Eintagsküken dienen. Die Kapsel wird in den Schnabel gepreßt und während des Schlingaktes von der Schlange mit aufgenommen. Bei anderen Tieren kann die Kapsel in die Schnauze gesteckt werden.
Flüssigpräparate zu verabreichen, ist schwieriger, da sie meist recht unangenehm riechen und die Schlange vom Fressen abhalten können. Warten Sie bis das Futtertier bereits zu mehr als der Hälfte im Maul der Schlange verschwunden ist, um dann einen Tropfen des Präparates mit Hilfe einer Pipette auf das Futter aufzutragen.

Zwangsfütterung

Wenn Schlangen lange Hungerpausen einlegen (→ Seite 36), so ist das nicht gleich ein Grund zur Beunruhigung. Problematisch wird es, wenn die Fastenzeit zu einer offensichtlichen Erschöpfung führt. Dieser Zustand wird durch eine Abmagerung der Schlange sichtbar: die Flanken des Tieres zeigen Hungerfalten. In diesem Fall wird eine Zwangsfütterung notwendig.
Gehen Sie dazu folgendermaßen vor:

- Bei kleinen Schlangen fassen Sie dazu mit Daumen und Zeigefinger den Kopf und fixieren mit den übrigen Fingern den Körper an der Handinnenfläche. Der Körper größerer Schlangen wird leicht mit Handballen und Unterarm auf eine feste Unterlage gedrückt.
- Zum Öffnen des Schlangenmaules benutzen Sie einen Holzspatel; bei Jungtieren genügt beispielsweise ein der Länge nach gespaltenes Streichholz, das quer in das Schlangenmaul geschoben wird.

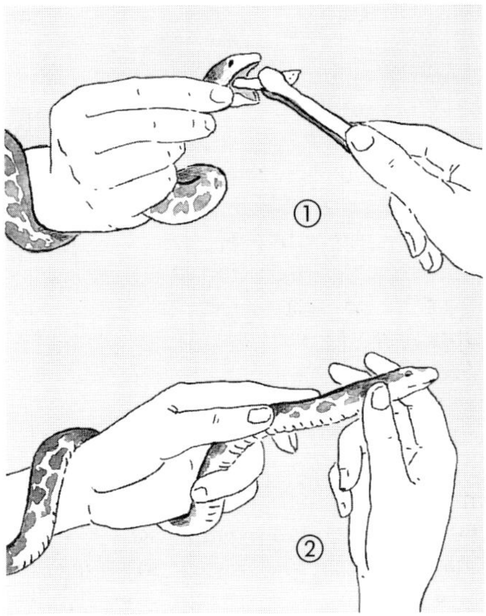

1 Bei der Zwangsfütterung bekommt die Schlange vorsichtig Futter ins Maul geschoben.
2 Leichtes Reiben über den Leib hilft, damit das Futter weiterrutscht.

• Danach führen Sie das Futter mit einer stumpfen Pinzette ins Maul ein; es ist dann so weit geöffnet, daß der Holzspatel meist allein herausfällt. Oft beginnt die Schlange bereits von alleine zu schlingen, sobald sie Futter im Maul spürt. Ein weiteres Nachhelfen kann in diesem Fall unterbleiben.

• Beginnt die Schlange noch nicht zu schlingen, können Sie mit der Pinzette so lange vorsichtig drücken, bis das Futter im Schlund verschwunden ist.

Schlangen, die zwangsgefüttert werden, sind in der Regel stark erregt. Sie müssen äußerst vorsichtig behandelt werden, hastiger Umgang und Störungen müssen unterbleiben, da die Tiere in diesem Zustand dazu neigen, die Nahrung wieder auszuwürgen.

Als Futter für die Zwangsfütterung eignet sich Rinderherz, Fisch oder kleine, vorher abgetötete Nager. Die Futtermenge ist in kleinen Rationen zu geben, um den Magen-Darm-Trakt des geschwächten Tieres nicht zu sehr zu belasten.

Die Zwangsfütterung wird so lange durchgeführt, bis sich die Schlange wieder erholt hat beziehungsweise selbständig frißt.

Jungschlangen fressen normalerweise erst nach der ersten Häutung und dürfen deshalb auch vorher unter keinen Umständen zwangsgefüttert werden. Verweigern sie nach der Häutung die selbständige Futteraufnahme, können sie mit einem Futterbrei aus geschabtem Rinderherz, mit wenig Eigelb und mit Vitaminzugaben versetzt, ernährt werden. Dazu verwenden Sie eine Gummikanüle, die an eine Injektionsspritze angeschlossen wird. Die Kanüle kann weit in den Rachen hineingeschoben und das Futter herausgepreßt werden. Jungschlangen nehmen dann meist schon nach der ersten Zwangsfütterung selbständig Futter zu sich.

Überwinterung

Viele Schlangenarten halten in ihrem natürlichen Lebensraum eine Winterruhe. In den meisten Fällen wirkt es sich günstig für die Tiere aus, wenn sie auch im Terrarium die Bedingungen dafür bekommen.

Allgemeine Tips zur Überwinterung

Grundsätzlich schadet es einer Schlange, die in Freiheit Winterruhe hält, nicht, wenn sie das ganze Jahr unter normalen Terrarienbedingungen lebt. Wenn Sie jedoch Ihre Schlangen artgerecht halten wollen, sollten Sie bei jenen Tieren eine Ruhezeit vorsehen, die aus gemäßigten Zonen stammen oder aus subtropischen Gebieten mit hohen, jahreszeitlich bedingten Temperaturschwankungen. (Im Porträtteil von Seite 42 bis 58 finden Sie, ob bei der jeweiligen Art eine Winterruhe angebracht ist.) Die Tiere werden es mit lebhaftem Verhalten in der Aktivitätszeit danken. Die Winterruhe scheint auch ein Auslöser für Paarungsbereitschaft zu sein (→ Seite 34).

Wichtig: Bei kranken und abgemagerten Schlangen sollten Sie auf jeden Fall auf eine Winterruhe verzichten, da die geschwächten Tiere sie wahrscheinlich nicht überleben würden.

Durchführen der Winterruhe

Im speziellen Terrarienzimmer: Wer seine Schlangen in einem eigenen Raum pflegt, hat die Möglichkeit, ohne große Umstände die Überwinterung durchzuführen. Heizung und Licht im Terrarium werden abgeschaltet; die Raumheizung wird zurück- oder abgeschaltet; außerdem werden die Terrarien mit einem Tuch verdunkelt. Am sichersten ist es, alle Arten zwischen 8 °C und 13 °C überwintern zu lassen. Europäische Schlangen neh-

Eine Überwinterung der Schlangen ist unbedingt zu empfehlen, wenn Sie an einer Nachzucht interessiert sind. Die Paarungsbereitschaft der Schlangen steigt nach der Winterruhe erheblich.

Silbrig glänzend hebt sich diese Barrenringelnatter vom Moospolster ab, auf dem sie liegt.

men auch keinen Schaden, wenn die Temperatur zwischenzeitlich bis kurz über den Gefrierpunkt abfällt.
Beginnen sollte die Ruhezeit in den Spätherbstmonaten von Oktober bis Dezember. Die Dauer beträgt drei Monate. Diese Zeitspanne halte ich für ausreichend, obwohl einige Terrarianer für nord- und mittelamerikanische Schlangenarten bis zu fünf Monate empfehlen.
In Überwinterungsgefäßen: Wer keine Möglichkeit hat, seine Tiere in einem Terrarienzimmer überwintern zu lassen, muß sie in separaten verschließbaren Behältern entweder im Keller oder in einem Kühlschrank unterbringen. Für die Belüftung müssen Sie alle drei Tage die Kühlschranktüre öffnen. Ferner müssen Sie genau darauf achten, daß die notwendigen Temperaturen eingehalten werden. Der gut belüftete Behälter sollte mit einem Torf-Sand-Gemisch angefüllt sein, das mit Rindenstücken und Moos versetzt ist. Ständig muß Frischwasser zur Verfü-

gung stehen, und die gesamte Anlage muß bequem zu überprüfen sein.

Eingewöhnen nach der Überwinterung
Das Eingewöhnen auf die Terrarienverhältnisse sollte nicht abrupt erfolgen. Eine langsame Steigerung der Temperatur- und Lichtverhältnisse in einem Zeitraum von acht Tagen entspricht in etwa dem Bedürfnis der Schlangen nach einem langsamen Wecken. Gefüttert werden muß erst wieder, nachdem Sie das Terrarium voll in Betrieb genommen haben. Meist werden nur die weiblichen Schlangen nach der Winterruhe Futter annehmen, während die männlichen Tiere in der Regel erst nach der Paarungszeit, die der Winterruhe folgt, wieder zu fressen beginnen.

Tagebuch der Schlangenhaltung
Um die Entwicklung einer neuerworbenen Schlange vom Tag ihrer Ankunft an verfolgen zu können, sollte jeder Terrarianer möglichst viele Daten über sein Tier sammeln. Eine »Buchführung« ist besonders dann sinnvoll, wenn mehrere Tiere gehalten werden. So kann jederzeit nachvollzogen werden, wann welches Tier gefüttert wurde, wann es sich gehäutet hat, ob die Häutung gut verlaufen ist, und wann ein Multivitaminpräparat verabreicht wurde. Anmerkungen über Haltungsbedingungen wie Temperatur und Luftfeuchtigkeit sollten ebenfalls nicht fehlen. Die gesammelten Daten können bei Verhaltensänderungen oder im Krankheitsfall Aufschluß über mögliche Fehler in der Haltung geben. Da fast jeder Terrarianer Daten über seine Tiere sammelt, sind Vergleiche der Aufzeichnungen für alle Beteiligten gewinnbringend und kommen den Schlangen zugute.

Die Nachzucht

Die Verfolgung und Vernichtung von Schlangen, aber auch die verantwortungslose Handlungsweise mancher Reptilienhändler haben dazu geführt, daß einige Schlangenarten ernsthaft vom Aussterben bedroht sind. Auch die Nachfrage von Terrarianern, die bestimmte Schlangen als besonders attraktive Heimtiere fürs Terrarium suchten, ist zum Teil schuld daran, weil einige Händler deshalb Reptilien als profitbringende Massenhandelsware führen.

Was spricht für die Nachzucht?
In mancher Tiergroßhandlung oder bei manchem »Hobbyterrarianer«, der den Reptilienhandel als einträgliches Nebengeschäft betreibt, sind die Tiere auf engstem Raum zusammengepfercht, manchmal zu einigen Hundert in mehreren Lagen. Solche Zustände sollten nicht durch den Kauf von Schlangen unterstützt werden. Einige Terrarianer haben aus diesem Grund bereits seit langer Zeit aufgehört, ihren Tierbestand aus diesen Quellen zu erweitern. Sie bekommen ihre Schlangen von anderen Terrarianern – im Tausch gegen Exemplare aus der eigenen Nachzucht – oder kaufen sie von jenen, die ihren Tierbestand auflösen wollen. Aufgrund dieser Denk- und Handlungsweise wurde in den vergangenen Jahren von vielen Seiten angeregt, Schlangen unter Gefangenschaftsbedingungen nachzuzüchten, um auf diese Weise den Bedarf zu decken.

Erfahrungsaustausch vor der Zucht
Eine große Anzahl von erfahrenen Terrarianern und Zoologischen Gärten züchtet seit Jahren erfolgreich einige Schlangenarten. Sie publizieren ihre

Erfahrungen in populärwissenschaftlichen Zeitschriften und teilen dabei mit, unter welchen Bedingungen die Nachzucht gelungen ist.
Auch jeder Neu-Terrarianer sollte von vornherein planen, seine Tiere nicht nur unter guten Bedingungen lange Zeit zu halten, sondern auch nachzuzüchten.
Die oft sehr unterschiedlichen Ansprüche der Schlangenarten, die eine Nachzucht denkbar erscheinen lassen, können im Rahmen dieses Buches allerdings nicht einzeln aufgezeigt werden. Daher ist es auf jeden Fall empfehlenswert, einem Terrarienverein oder der DGHT (Deutsche Gesellschaft für Herpetologie und Terrarienkunde, → Anschrift, Seite 62) beizutreten. Es werden sich immer Terrarianer finden, die die gleiche Schlangenart halten und die ebenso an einem Erfahrungsaustausch interessiert sind.

Die Geschlechtsbestimmung
Schlangen haben keine geschlechtlichen Merkmale, die auf den ersten Blick ins Auge fallen. Bei Echsen, tragen die Männchen verschiedener Arten Nasenhörner, Hinterhaupts- oder Rückenkämme, die die Geschlechtsbestimmung leicht machen. Bei Schlangen müssen Sie schon genauer hinschauen.

- Unterschiede in der Färbung können in manchen Fällen auf das verschiedene Geschlecht hinweisen.
- Ein bereits äußerlich in den meisten Fällen gut erkennbares Unterscheidungsmerkmal ist die Verbreiterung der Schwanzbasis bei den Männchen. Sie ist auf die Aufnahme des linken und rechten Hemipenis (→ Seite 13) in Hauttaschen zurückzuführen.
- Meist ist eine Unterscheidung der Geschlechter durch das Verhältnis von Schwanzlänge zu Körperlänge möglich. Im allgemeinen besitzen die Männchen einen deutlich längeren Schwanz als die Weibchen. Bei ausgewachsenen Tieren kommt noch hinzu, daß die Weibchen meist größer als die Männchen sind.
- Durch Daumendruck auf die ventrale, das heißt die bauchwärts liegende Partie der Schwanzwurzel verlagern sich die Hemipenisse; doch kann diese Methode bei unsachgemäßer Ausführung der Schlange schaden. Daher sollte hier unbedingt ein erfahrener Terrarianer helfen.
- Die wohl neueste und sicherste Methode der Geschlechtsbestimmung ist ohne die Hilfe von Fachkräften eines veterinärmedizinischen Institutes nicht möglich. Dabei wird der Schlange etwas Blut entnommen, das auf seine hormonellen geschlechtsunterscheidenden Bestandteile untersucht wird.

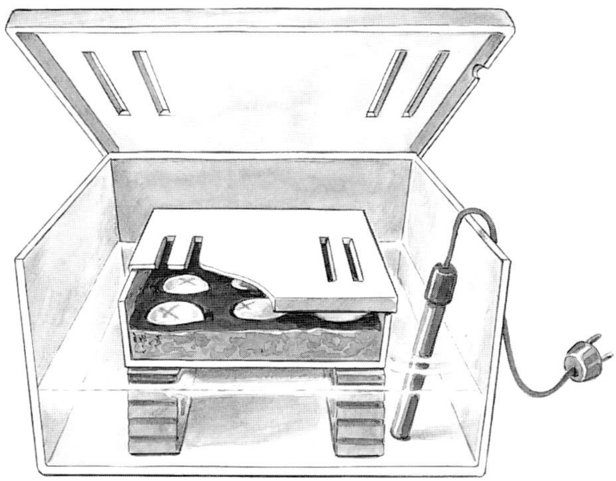

Als Brutkasten wird eine Klarsichtdose mit Luftschlitzen im Deckel auf Ziegelsteine in ein Plastik-Aquarium mit gut schließendem Deckel gestellt. Die Temperatur reguliert ein Regelheizer.

Faustregeln zur Zucht

Als Faustregeln für die Schlangenzucht können die folgenden Punkte gelten:

- Die Wahrscheinlichkeit der Paarung wird erhöht, wenn Schlangen einzeln gehalten und zur Paarungszeit wieder zusammengesetzt werden. Gemeinschaftshaltung kann sich ungünstig auswirken.
- Wenn Sie ihre Schlangen nicht überfüttern und ihre Gesundheit regelmäßig kontrollieren, sind sie paarungsfreudiger.
- Schlangen, die freilebend einen Winterschlaf einlegen, zeigen in den meisten Fällen nach dieser Zeit Paarungsbereitschaft. Wer züchten will, muß diese Schlangen also überwintern.
- Schaffen Sie Ihren Schlangen die richtigen Temperatur- und Luftfeuchtigkeitsbedingungen. Vergleichen Sie im Zweifelsfall Ihre Haltungsvoraussetzungen mit den Bedingungen, die erfolgreich nachzüchtende Terrarianer ihren Schlangen geben.
- Wenn es trotzdem mit der Paarung nicht klappt, kann es sein, daß die falschen Partner vergesellschaftet sind. Die Bildung einer Zuchtgemeinschaft mit anderen Terrarianern und der Austausch geschlechtsreifer Tiere ist ein möglicher Weg zum Zuchterfolg.

Manchmal werden Terrarianer, die gar nicht vorhatten, ihre Tiere nachzuzüchten, ungewollt zu Pflegeeltern, dadurch, daß sie ein trächtiges Tier erworben haben. Es ist sehr wahrscheinlich, daß die Trächtigkeit nicht bemerkt wird, und Sie sich eines Tages vollkommen unvorbereitet einer Schar junger Schlangen gegenüber sehen.

Pflege des Nachwuchses

Neugeborene Tiere müssen augenblicklich vom Muttertier getrennt werden. Für ihre Unterbringung haben sich Plastikaquarien als geeignet erwiesen. Sie können ohne große Mühe in den Seitenwänden mit Lüftungsschlitzen oder Lüftungslöchern versehen werden.

Erste Futteraufnahme: Die Jungtiere häuten sich meist einige Tage nach der Geburt; erst dann können sie gefüttert werden. Sind sie gesund, werden sie das Futter, beispielsweise nestjunge Mäuse, in der Regel problemlos annehmen. Sofern die Jungtiere eine Woche nach der Häutung noch nicht selbständig gefressen haben, sollte eine Zwangsfütterung (→ Zeichnung, Seite 30) in Betracht gezogen werden. Wer sich nicht zutraut, diese Prozedur mit den oft winzigen Pfleglingen durchzuführen, wird sicher Hilfe bei einem erfahrenen Terrarianer finden.

Pflegemaßnahmen bei eierlegenden Schlangen

Bei eierlegenden Schlangen ist der Pflegeaufwand bei der Nachzucht etwas größer. Denn hier muß der Schlangenhalter für die Eier Bedingungen schaffen, die das Heranreifen des Embryos gewährleisten. Die Eier werden vom Muttertier meist in Eiklumpen abgelegt, das heißt, die Eier sind miteinander verbunden. Einige Züchter raten dazu, die Eier so in den Inkubator, den Brutkasten, zu legen, wie sie gefunden wurden, um die Lage der Keimscheibe zum Dotter nicht zu verändern. Ich selbst habe keine negativen Erfahrungen mit dem Trennen der Eier gemacht: Ich habe sie in kleinen Abständen voneinander ins Substrat des Inkubators eingebettet (→ Zeichnung, Seite 34). Danach allerdings muß jede Veränderung der Eilage unterbleiben. Als Substrat dient ein sauberes Torf-Sand-Gemisch, das den Eiern die erforderliche Feuchtigkeit und Wärme bietet.

Einige Pythons verlassen ihre Eier nach der Ablage nicht, sondern versuchen, ihnen die bestmöglichen Keimbedingungen zu schaffen.

Wenn die Schlange krank wird

Erfahrene Terrarianer wissen, daß nach längerer erfolgreicher Haltung einer Schlange das plötzliche Auftreten einer Krankheit im allgemeinen nur auf Haltungsfehler oder -mängel zurückzuführen ist. Natürlich bedarf es Jahre der Erfahrung, bis man das auch wirklich objektiv erkennen kann. Pflegt ein versierter Terrarianer ein Tier über einen langen Zeitraum, wird er im Normalfall meist schon beim Anblick seines Tieres dessen Gesundheitszustand beziehungsweise Veränderungen erkennen. Für einen ebenfalls versierten, aber fremden Terrarianer sind dagegen meist keine Krankheitszeichen sichtbar.

Deutlich sieht man bei dieser Dreiecksnatter die gespaltene Zunge, mit der sie Gerüche wahrnimmt.

Verhütung von Krankheiten

Krankheiten können dadurch verhütet werden, daß biotopähnliche Bedingungen in einem Terrarium, dem künstlichen »Lebensraum-Ausschnitt«, so genau wie möglich nachempfunden werden. Dabei spielen Faktoren wie Licht, UV-Strahlung, Wärme, Luftfeuchtigkeit, Belüftung, Unterschlupf oder Sonnenplätze die entscheidende Rolle. Natürlich ist dabei auch auf Besatzdichte, Behältergröße sowie auf Artenzusammenstellung zu achten.

Krankheitsanzeichen

Ein eingewöhntes Tier wird Ihnen in seinem Verhalten bald vertraut sein. Tritt eine Verhaltensänderung ein, so ist dies meist ein erstes Alarmsignal. Beobachten Sie das betroffene Tier genau und bringen Sie es zum Tierarzt oder zu einem erfahrenen Terrarianer, um seinen Gesundheitszustand überprüfen zu lassen.

Futterverweigerung: Wenn die Schlange scheinbar grundlos das Futter verweigert, auch nachdem das Futterangebot geändert und im Rahmen des Möglichen andere Futtertiere angeboten wurden, kann dies ein Hinweis auf eine Erkrankung sein. Nur bei Häutung, Trächtigkeit, Paarungsstimmung oder der Winterruhe ist eine verringerte Futteraufnahme oder die komplette Einstellung des Fressens normal.

Lage der Schlange: Wenn sie plötzlich nicht mehr ihren bevorzugten Ruhe- oder Sonnenplatz einnimmt, sollte es nicht unbeachtet bleiben. Ist ein Tier erst einmal soweit erkrankt, daß es seinen Vorderkörper im Geäst kraftlos herabhängen läßt oder sich nicht mehr zusammenrollt, sondern gerade ausgestreckt am Boden liegt, ist allerschnellste Hilfe geboten.

Äußere Anzeichen: Einfallende Flanken, gratartig hervorstehende Rückenwirbel, tiefliegende Augen oder halbgeöffnete Lippen sind untrügliche Anzeichen für eine bereits relativ weit fortgeschrittene Krankheit. Auch das Ausbleiben der Häutung beziehungsweise das fetzenartige Ablösen der Haut können erste Krankheitssymptome sein.

Wichtig: Wenn die Haut blasser wird, die Farben sich nicht mehr deutlich unterscheiden und eine Trübung der Augen einsetzt, so sind dies normalerweise keine Gründe zur Beunruhigung; die Schlange steht kurz vor der Häutung (→ Seite 12). Dann tritt bei vielen Schlangenarten auch eine Verweigerung der Nahrungsaufnahme ein.

Grundsätzliche Maßnahmen bei Erkrankungen

Generell sollten Sie erkrankte Schlangen sofort von anderen Schlangen trennen und in einen Quarantänebehälter umsetzen.

Versuchen Sie nicht, eine Schlange selbst zu behandeln; Schlangen sind Wildtiere, der Umgang mit ihnen kann

Eine ganz besonders attraktive und farbenprächtige Zeichnung hat die Dreiecksnatter.

gefährlich sein. Bringen Sie Ihre kranke Schlange unbedingt zum Tierarzt. Da viele Veterinäre keine Erfahrung mit Schlangen haben, können Sie sich bei anderen Terrarianern oder bei der Deutschen Herpetologischen Gesellschaft (→ Adresse, Seite 62) nach entsprechenden Tierärzten erkundigen.

Krankheiten und Verletzungen der Haut

• Mykosen (durch Pilze verursachte Infektionen) und Nekrosen (Gewebekrankheiten)
Symptome: Rötung, leichte Entzündung der Bauchunterseite. Im fortgeschrittenen Stadium Bildung von Nekrosen unter den Schuppenrändern bis zum gänzlichen Befall der Einzelschuppen und schlimmstenfalls zur Verletzung größerer Hautpartien.
Ursachen: Fehlhaltungen, die auf unsauberen Boden, ätzende Bodeneinlagen oder Anstriche bei Neuterrarien oder auf zu hohe beziehungsweise zu niedrige Luftfeuchtigkeit zurückzuführen sind.
Abhilfe: Verbesserung der Haltungsbedingungen, lokale Anwendung von spezifischen Hautsalben. (Greifen einer Schlange → Zeichnung, Seite 26).
Wenn die Krankheit fortgeschritten ist,

ist »Sterilhaltung«, Behälterdesinfektion und lokale Behandlung der betroffenen Körperpartien notwendig. Bringen Sie das Tier zum Tierarzt oder zu einem erfahrenen Terrarianer.

• Häutungsschwierigkeiten

Symptome: Die Haut löst sich nicht am Stück.

Ursachen: Die Luft ist zu trocken; kein oder zu wenig Trinkwasser; das Tier hat zu wenig Gewebeflüssigkeit.

Abhilfe: Ein handwarmes Wasserbad und eventuell vorsichtige manuelle Mithilfe. Schwierigkeiten können vor allem bei der Häutung der Schwanzspitze entstehen. Sie sollten in einem solchen Falle die Häutung unterstützen und die Haut vorsichtig mit der Pinzette abziehen. Es kann sonst geschehen, daß die Schwanzspitze nach mehrmalig unterbliebener Häutung abstirbt.

Bei der Häutung kann es auch zu Augenentzündungen kommen. Wenn Ihre Schlange geschwollene Augen hat, sollten Sie sie zu einem erfahrenen Terrarianer oder einem Veterinär bringen, die mit Augentropfen meist rasch Abhilfe schaffen können.

Parasiten: Schädlich oder nützlich?

Bei Quarantänehaltung von neu erworbenen Schlangen erscheint es wünschenswert, die Tiere weitgehend parasitenfrei zu bekommen. Doch wir wissen leider noch sehr wenig darüber, inwieweit wir, ohne Schaden für die Schlange, vorbeugend alle möglichen Parasiten »vernichten« dürfen. Viele in freier Natur kommensale, das heißt zu einer Ernährungsgemeinschaft gehörende »Parasiten« werden nie einen schädigenden Einfluß auf das Wirtstier – hier die Schlange – haben. Nur ein Ungleichgewicht beispielsweise durch Fehlhaltung im Terrarium könnte auch zu einer Schädigung führen.

Ektoparasiten, Milben und Zecken

Frisch importierte oder frisch gefangene Schlangen sind in den meisten Fällen mit Zecken oder Milben behaftet. Wenn es einmal übersehen wurde, einen neuen Terrarieninsassen davon zu befreien, kann es unter ungünstigen Bedingungen zu einer Verseuchung des Terrariums kommen.

Symptome: Am stärksten befallen sind neben den Schuppenrändern die Augen oder die Kloakenpartie, an denen diese Parasiten schmarotzen.

Abhilfe: Am besten ist es, wenn es gelingt, die Milben oder Zecken mit einer sehr spitzen Pinzette abzulesen.

Auf amerikanischen Schlangen kann eine Blutmilbenart (Gattung *Ophioptes*) vorkommen, die Löcher in die Rückenschuppen der Schlange bohrt, um sich darin einzunisten. Die ausgewachsenen Weibchen dieser Milbenart dringen unter die Schuppen und in das Körpergewebe ein. Dabei werden die Schuppen weich und schmierig. Eine Entkräftung der Schlangen kann generell durch den von Zecken und Milben verursachten Blut- und Lymphflüssigkeitsverlust eintreten. Außerdem besteht die Möglichkeit einer Übertragung von Infektionskrankheiten innerhalb des Terrariums.

Vorbeugung: Gut ist es, das Terrarium vorbeugend mit einem Zeckenmittel zu behandeln (→ Seite 24). Lokal können die Zecken auch mit Öl oder Lebertransalbe bepinselt werden (Greifen einer Schlange → Zeichnung, Seite 26). Sie lösen sich aus der Oberhaut und können mit einer Pinzette abgesammelt werden.

Innere organische Erkrankungen

Innere organische Beschwerden sind aufgrund der schwierigen Erkennbarkeit der Krankheit schlechter zu behandeln. Bei den oben geschilderten

Veränderungen im Allgemeinbefinden eines Tieres ist unbedingt eine Kontrolle der Nahrungsaufnahme und Kotabgabe notwendig. Bei Erbrechen oder anormaler Kotabsonderung muß eine Kotuntersuchung durch ein veterinärmedizinisches Institut und die Behandlung durch einen Veterinär vorgenommen werden.

• Verstopfung (Obstipation)
Symptome: Verstopfung kann durch vorsichtiges Abfühlen des Rumpfbereiches erkannt werden.
Ursache: Haar- oder Zahnansammlungen, Überreste der Futtertiere im Verdauungstrakt.
Abhilfe: Bringen Sie das erkrankte Tier zum Tierarzt oder einem erfahrenen Terrarianer.

• Salmonellose und Amöbenruhr
Symptome: Durchfälle, Blut im Kot.
Ursache: Bakterien und Amöben.
Abhilfe: Wenden Sie sich unbedingt schnellstens an einen Tierarzt oder an einen erfahrenen Terrarianer.
Wichtig: Beide Krankheiten sind nicht auf den Menschen übertragbar.

Erkältungskrankheiten
Symptome: Die erkrankte Schlange hält das Maul geöffnet, die Lungen sind gebläht, der Vorderkörper wird senkrecht hochgestellt, ja sogar nach hinten gebeugt! An der Körperunterseite zeigt sich eine tiefe Längsrinne. Bei sehr starkem Auspressen der Luft wird der Hals sackartig aufgetrieben, während die Lunge sich unter starkem Pfeifen entleert. Aus Nase und Maul wird Schleim abgesondert.
Ursachen: Fehlhaltung, zum Beispiel dauernd zu hohe Temperaturen. Stikkige Luft wirkt sich besonders ungünstig aus. Durchzug im Terrarium ist unbedingt zu vermeiden.
Abhilfe: Wenden Sie sich in diesen Fällen an einen Veterinär oder an einen

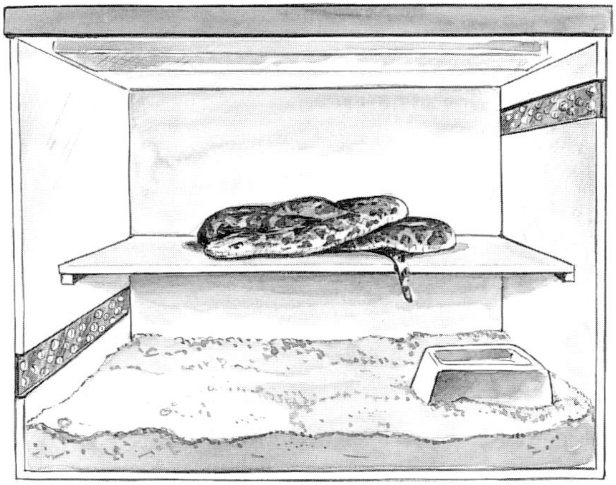

Neuerworbene oder kranke Schlangen müssen in einem Quarantänebehälter untergebracht werden.

erfahrenen Terrarianer. Überprüfen Sie das Klima im Terrarium.

Infektion des Mundes und der Atmungsorgane

• Mundfäule (*Stomatitis*)
Symptome: Das Zahnfleisch wird blasser, zeigt weiße Pünktchen bis käsige Klumpen, die anfangs mit einer Sonde oder einem Wattestäbchen noch zu entfernen sind, später aber zusammenfließen und dann die Lippen auseinanderdrängen und sich über den gesamten Rachen bis auf die Luftwege ausbreiten können. Mit dem Verfall des Zahnfleisches kann es zum Verlust der Zähne und zur Freilegung des Unterkiefers kommen.
Ursache: Schlechte hygienische Verhältnisse in der Gefangenschaftshaltung bieten den Nährboden für Bakterien.
Abhilfe: Wenn Ihre Schlange Anzeichen einer solchen Erkrankung zeigt, müssen Sie sich unbedingt an einen Tierarzt wenden.

Riesenschlangen und Nattern im Porträt

In eleganten Windungen liegt eine Vierstreifennatter im Baum.

Sandboa.

Die Regenbogenboa schillert in verschiedenen Farben.

Die Streifenringelnatter lebt an Gewässern.

Sehr friedfertig ist der Königspython.

Angespannt lauert die Schlankboa auf dem Ast.

Gut getarnt ist die Rauhe Grasnatter im Laub durch ihre intensiv grüne Farbe.

Ein Erdnatterweibchen legt sich schützend um seine Eier.

Die Hundskopfboa lebt in Baumdickichten und tropischen Wäldern Südamerikas.

Nur wenige Tiergattungen können es an Farbenpracht und Vielfalt der Zeichnung mit den Schlangen aufnehmen.
Alle Farben des Regenbogens sind vertreten: von Tiefschwarz über verschiedene Brauntöne bis zum leuchtenden Rot, vom hellsten Grün über Dunkelgrün bis zu Blau und Türkis. Und manchmal schillert sogar ein Tier in den unterschiedlichsten Farbnuancen.
Auch in der Musterung ist mit Variationen nicht gespart – mit Längsstreifen oder gebändert, gefleckt oder in den verschiedensten Arten gezeichnet, dezent Ton in Ton oder farbenfroh in Kontrastfarben.
Zur Eleganz ihrer Erscheinung trägt auch noch ihre Fortbewegung, das behende Schlängeln oder das Gleiten von Ast zu Ast, bei – ebenso wie ihre langgestreckte, meist schlanke Gestalt.

Nattern und Riesenschlangen im Porträt

Die meisten Schlangen sind geschützt und dürfen keinesfalls aus der Natur entnommen werden. Viele Schlangenarten sind vom Aussterben bedroht. Gerade Terrarianer sollten zu ihrem Überleben beitragen.

Erläuterung zu den Beschreibungen
Auf den folgenden Seiten werden Ihnen die wichtigsten und am besten fürs Terrarium geeigneten ungiftigen und kleinwüchsigen Arten vorgestellt. Bei einigen Schlangen finden Sie mehrere deutsche Namen; da Terrarianer und auch der Tierhandel sich in vielen Fällen nicht auf eine einheitliche Namengebung einigen können. Verbindlich ist immer die wissenschaftliche Bezeichnung. Sie sollten sich die wissenschaftlichen Namen einprägen, denn nur so können Sie eindeutig beurteilen, welches Tier beispielsweise auf einer Handelsliste angeboten wird. Sie erhalten Informationen über das Verbreitungsgebiet und den natürlichen Lebensraum der Schlangen. Ausführlich werden Ihnen das Aussehen und die Ansprüche der jeweiligen Art an Haltung und Klimabedingungen vorgestellt. Sie erfahren, welche Futtertiere die einzelnen Arten bevorzugen, und ob eine Nachzucht im Terrarium möglich ist. Der Punkt Winterruhe sagt Ihnen, ob und wie Ihre Schlange überwintert werden möchte.

Barrenringelnatter
Natrix natrix helvetica
Foto, Seite 32.
Länge: bis zu 2 m.
Verbreitungsgebiet: Britische Inseln, Holland, Belgien, Frankreich, Deutschland westlich des Rheins, Schweiz, einige Teile Österreichs, Norditalien und Nordwestjugoslawien.
Lebensraum: Gebiete mit fließenden und stehenden Gewässern.
Aussehen: An den Körper- und Schwanzseiten zeichnen dunkle »Barren« die braune oder blaugraue Grundfarbe. Über den Rücken verlaufen zwei Reihen dunkler Punkte.
Haltung und Klimaansprüche: Neben einem ausreichend großen Wasserbekken muß das Terrarium Versteckmöglichkeiten und absolut trockene Stellen enthalten, dazu eine Klettermöglichkeit. Die Lufttemperatur sollte nachts 16 °C nicht unterschreiten; tagsüber bis 26 °C Lufttemperatur. Zusätzliche Bodenheizung ist empfehlenswert. Neben dem Wasserbecken einen kleinen Aquarienheizer zum Aufwärmen installieren. Die Barrenringelnatter ist tagaktiv. Sie kann mit anderen Schlangen gleicher Ansprüche gut vergesellschaftet werden.
Futtertiere: Fische. +
Nachzucht: Möglich.
Winterruhe: nicht unbedingt erforderlich, aber empfehlenswert. Die Tiere sind danach weit lebhafter.

Streifenringelnatter
Natrix natrix persa
Foto, Seite 40.
Länge: variabel.
Verbreitungsgebiet: Türkei, Griechenland, Bulgarien, Albanien, Slowenien.
Lebensraum: Gebiete mit fließenden und stehenden Gewässern.
Aussehen: Die Bestimmung der in verschiedenen Gebieten vorkommenden Art macht auf Grund der variablen Zeichnung Schwierigkeiten. Es kommt sogar vor, daß Tiere aus dem gleichen Gelege unterschiedlich aussehen; die

einen sind gestreift, andere weisen nur ein Fleckenmuster auf.
Haltung und Klimaansprüche: Streifenringelnattern klettern gerne und sind tagaktiv. Sie lassen sich gut auf Totfutter wie Fischstreifen umgewöhnen und sind deshalb recht problemlos zu halten. Wie andere Ringelnattern lassen sie sich gut vergesellschaften.
Futtertiere: Fische.
Nachzucht: Möglich.
Winterruhe: Nicht unbedingt erforderlich, aber empfehlenswert.

Vipernatter
Natrix maura
Foto, Seite 48.
Die Vipernatter ist die wohl attraktivste europäische Wassernatter.
Länge: Selten über 1 m.
Verbreitungsgebiet: Südwestliche Schweiz, Nordwestitalien, Südfrankreich, einige Mittelmeerinseln, Iberische Halbinsel, Nordwestafrika.
Lebensraum: Feuchtbiotope oder offene Gewässer.
Aussehen: Ihr Kopf ist deutlich vom Hals abgesetzt; das Zickzackband auf dem Rücken verstärkt den Eindruck, eine Giftschlange vor sich zu haben. Die Körperfärbung ist graubraun, olivgrün bis gelbbraun, die Bauchfarbe ist gelblichbraun gesprenkelt.
Haltung und Klimaansprüche: Das Terrarium soll als Aquaterrarium mit einem ins Wasserbecken ragenden Kletterast und verschiedenen Ruheplattformen eingerichtet sein. Temperaturen zwischen 22 und 33 °C und zumindest teilweise Besonnung oder UV-Bestrahlung sind für die tagaktiven Nattern notwendig. Eine Senkung der Temperatur um etwa 5 bis 8 °C während der Nacht ist ratsam.
Futtertiere: Fische und Regenwürmer.
Nachzucht: In freier Natur legen die Weibchen im Juni oder Juli 4 bis 20 Eier in lockeres Bodensubstrat oder unter Steinplatten und Pflanzenmulm. Im August/Anfang September schlüpfen die 15 bis 20 cm langen Jungen. Gefangenschaftsnachzucht war bereits erfolgreich. Bei 25 bis 30 °C Bruttemperatur schlüpfen die Jungen nach ca. 40 bis 45 Tagen.
Winterruhe: Zwischen November und Mai möglich.

Fischernatter
Natrix piscator
Foto, Seite 1.
Länge: bis 1,2 m.
Verbreitungsgebiet: Südliches Asien und Malaysia.
Lebensraum: Feuchtbiotope und Gewässerränder.
Aussehen: Das schlanke Tier hat einen kaum vom Hals abgesetzten Kopf und einen relativ langen Schwanz. Die Körperfärbung besteht auf dem Rücken aus einer gelblich bis rotbraunen Grundfarbe mit meist fünf parallelen Flecken-Längsreihen. Die Bauchseite ist cremefarben. Unter und hinter den Augen verlaufen zwei schmale, dunkle Linien zum Mundrand .

Hoch aufgerichtet blicken die vor kurzer Zeit geschlüpften Jungschlangen neugierig in die Welt.

Haltung und Klimaansprüche: Das Terrarium muß zu einem großen Teil mit Wasserbecken ausgestattet sein; die Bodenfüllung für den »Landteil« kann aus einem Sand-Torf-Walderde-Gemisch bestehen. Als Unterschlupf können Steinplatten dienen. Die Lufttemperatur soll gestaffelt zwischen 24 und 30 °C bei mehrstündiger Besonnung oder UV-Bestrahlung betragen. Eine lokale Bodenheizung ist ratsam.
Futtertiere: Fische, auch Mäuse.
Nachzucht: In Gefangenschaft konnte die Fischernatter bereits nachgezüchtet werden. Sie legt zwischen 8 und 87 Eier, deren Zeitigungsdauer bei 25 bis 30 °C knapp 3 Monate beträgt.
Winterruhe: Eine Überwinterung ist empfehlenswert .
Besonderheiten: Wird die Fischernatter bedroht, richtet sie den Vorderkörper unter Abplattung kobraartig auf und beißt sehr schnell zu. Bei gebissenen Fröschen konnte eine Giftwirkung beobachtet werden.

Strumpfbandnatter
Thamnophis sirtalis
Foto, Seite 25.
Die Strumpfbandnatter ist sehr beliebt und wird im Handel häufig angeboten. Sie ist ein dankbarer Pflegling.
Länge: bis zu 1,25 m.
Verbreitungsgebiet: Von Südkanada über die USA bis nach Mexiko.
Lebensraum: Feuchtgebiete.
Aussehen: Der Kopf ist nur wenig vom Hals abgesetzt, der Schwanz ist verhältnismäßig lang. Die Schuppen sind gekielt, die Kopfoberseite ist schwarz oder dunkel, die Grundfärbung ist sehr unterschiedlich und wird in der Regel von einer Rückenlinie und zwei Seitenstreifen geziert. Manchen Exemplaren können die Seitenstreifen fehlen. Andere tragen auf der Flanke eine hübsche Fleckenzeichnung.
Haltung und Klimaansprüche: Das Terrarium wird am zweckmäßigsten mit einem sehr großen Wasserbecken oder am besten als Aquaterrarium eingerichtet. Die Temperatur sollte 20 bis 28 °C betragen. Nächtliche Abkühlung ist ebenso notwendig wie direkte Besonnung oder UV-Bestrahlung.
Futtertiere: Regenwürmer, Fische, Fischstreifen und Nacktschnecken, die nach Eingewöhnung bald aus der Hand des Pflegers genommen werden.
Nachzucht: Bei guter Haltung kann mit Nachwuchs gerechnet werden.
Winterruhe: 2 bis 3 Monate.
Verwandte Arten: *Thamnophis* ist eine der artenreichsten nordamerikanischen Schlangengattungen. Sie kommt in 23 Arten und vielen Unterarten vor.

Kettennatter
Lampropeltis getulus
Foto, Seite 45.
Länge: 1,50 bis 1,80 m.
Verbreitungsgebiet: Von Südoregon über Kalifornien bis zu den östlichen Vereinigten Staaten und Mexiko.
Lebensraum: Ebenen unter 800 m mit Kiefernwäldern, buschbestandenen Hängen, Hain- und Auwäldern.
Aussehen: Der Kopf mit großen Augen und einer runden Pupille ist kaum vom Hals abgesetzt. Die Körpergrundfarbe ist schwarz, wobei der Rücken und die Flanken von einer kettenartigen Zeichnung aus weißen bis gelblichen Querbinden geschmückt sind.
Haltung und Klimaansprüche: Im Terrarium bewährt sich ein Bodengrund aus Sand und ein Trinkwasserbehälter. Die Kettennatter ist ein anspruchsloser Pflegling, der nach Eingewöhnung bald die Futtertiere aus der Hand des Pflegers nimmt. Tagestemperaturen zwischen 24 und 30 °C bei nächtlicher Abkühlung bis auf 20 °C. Ganztägige Beleuchtung ist ratsam.

Futtertiere: Ratten, Mäuse.
Nachzucht: Sie ist in Gefangenschaft schon mehrfach erfolgt. Die Paarung findet nach der Überwinterung statt.
Winterruhe: Eine mehrmonatige Überwinterung bei Temperaturen um 10 °C ist ratsam.

Dreiecksnatter oder Rote Königsnatter
Lampropeltis triangulum
Fotos, Seite 36 und 37.
Länge: bis 1,3 m.
Verbreitungsgebiet: USA und Mittelamerika.
Lebensraum: Je nach Unterart, vom trockenen bis zum Feuchtbiotop.
Aussehen: Sie ist schlank, hat einen kleinen, vom Körper kaum abgesetzten Kopf und eine auffällige Farbzeichnung. Der dunkel gefärbte Kopf trägt im Nacken ein V-förmiges, weißes, schwarz gesäumtes Muster. Zwischen den Augen verläuft ein dunkler Streifen, der sich als Schläfenstrich bis zum Mundspalt fortsetzt. Manche Rassen der Roten Königsnatter tragen rot-schwarz-gelbe (weiße) Körperbinden als Zeichnung. Bei der Nominatrasse (*Lampropeltis triangulum triangulum*) sind auf dem Rücken dunkle, schwarzgerandete Sattelflecken ausgebildet. Die Bauchseite ist schwarz gefleckt oder von dunklen Binden gezeichnet.
Haltung und Klimaansprüche: Am geeignetsten ist ein nicht allzu großes Terrarium mit einer Quarzsand-Bodenfüllung und einigen großen Steinen. Die Temperatur sollte zwischen 25 und 30 °C betragen. Die Tiere sind nacht- und dämmerungsaktiv.
Futtertiere: Junge Mäuse.
Nachzucht: Nachzuchten in Gefangenschaft sind mehrfach geglückt.
Winterruhe: Eine mehrmonatige Überwinterung ist ratsam .
Wichtig: Auf Einzelhaltung ist zu achten, da Kannibalismus vorkommt.

Ein Grüner Baumpython hat sich auf einem Ast breit gemacht.

Die Kettennatter ist in Nord- und Mittelamerika zu Hause.

Die Indigonatter bevorzugt einen sandigen Untergrund.

Rauhe Grasnatter
Opheodrys aestivus
Fotos, Seite 24 und 41.
Länge: bis über 1 m.
Verbreitungsgebiet: Südliche USA bis Mexiko.
Lebensraum: Strauch- und Grasschicht am dicht bewachsenen Ufer; sie hält sich auch häufig im Wasser auf.
Aussehen: Der Kopf dieser grasgrünen, schlanken, gestreckten Schlange ist ein wenig vom Hals abgesetzt. Die Bauchunterseite ist bei der im Laub so vortrefflich getarnten Schlange meist eierschalenfarben bis gelblich.
Haltung und Klimaansprüche: Das Terrarium kann mit einem großen Wasserbecken oder sogar als Aquaterrarium mit stark verästeltem Gezweig eingerichtet werden. Der Kletterbaum ist unbedingt erforderlich, da die Rauhe Grasnatter baumbewohnend ist. Eine Bodenheizung ist nicht notwendig, jedoch soll sich die Lufttemperatur von 25 °C bis lokal 30 °C aufheizen. Eine 12 bis 14stündige tägliche Beleuchtung ist empfehlenswert.
Futtertiere: Verschiedene Kriech- und Kerbtierarten wie Spinnen, Schaben, Laubheuschrecken, Raupen, Skorpione, Grillen und Tausendfüßler.
Nachzucht: Bereits gelungen.
Winterruhe: Eine etwa viermonatige Winterruhe ist ratsam.
Verwandte Arten: Die Glatte Grasnatter (*Opheodrys vernalis*) kommt von Südkanada bis Texas vor, wo sie in Ebenen und im Hügelland lebt und im Gebirge sogar bis über 3000 m hoch vorkommt. Für die Terrarienhaltung ist sie jedoch nicht empfehlenswert.

Vierstreifennatter
Elaphe quatuorlineata
Foto, Seite 40.
Die 9 bis 10 cm dick werdende Vierstreifennatter ist ein angenehmer, bedächtiger Pflegling.
Länge: bis 2,5 m.
Verbreitungsgebiet: Italien und Griechenland.
Lebensraum: Von karstigen buschbestandenen Trockenhängen bis zu sumpfigen Gewässerufern.
Aussehen: Der Körper ist kräftig, der Kopf nur wenig vom Hals abgesetzt. Die Grundfarbe des Körpers ist hell- oder dunkelbraun, wobei vier schwarze Längsstreifen oder dunkle Fleckenreihen den Körper zieren und zum

Wie einen Handschuh streift die Schlange bei der Häutung ihre alte Haut ab.

Schwanz hin verblassen. Vom Auge bis zum Mundwinkel führt je eine dunkle Schläfenbinde.
Die Zeichnung der Jungtiere unterscheidet sich gänzlich von der älterer Tiere. Sie sind hellgrau mit schwarzer Kopfzeichnung und tragen Längsreihen großer dunkler Flecken. Erst nach dem vierten Lebensjahr ist die Umfärbung abgeschlossen.
Haltung und Klimaansprüche: Die Terrarieneinrichtung sollte am besten aus Quarzsand als Bodenfüllung bestehen, mit Versteckmöglichkeiten unter leichten Zierkorkschwarten oder Steinplatten und einem größeren Wasserbekken. Zeitweise Besonnung oder UV-Bestrahlung ist ratsam, wobei tagsüber eine Temperatur von 25 bis 30 °C vorherrschen soll.
Futtertiere: Ratten, Mäuse.
Nachzucht: Im Juli oder August werden 6 bis 16 Eier abgelegt, aus denen dann im September oder Oktober die ca. 23 cm langen Jungtiere schlüpfen. Die Nachzucht im Terrarium ist möglich.
Winterruhe: Eine mehrmonatige Überwinterung ist angebracht.
Besonderheiten: In freier Natur ist sie vorwiegend bei bedecktem Himmel aktiv.
Verwandte Arten: Im Balkan und bis Südrußland kommt die ausschließlich steppenbewohnende Rasse *Elaphe quatuorlineata sauromates* vor.

Kornnatter
Elaphe guttata
Fotos, Seite 9.
Sie ist die ideale Anfängerschlange und leicht zu pflegen.
Länge: bis über 1,80 m.
Verbreitungsgebiet: Von den Vereinigten Staaten bis Nordostmexiko.
Lebensraum: Kornfelder, sonnige offene Kiefernwälder, verwilderte Plantagen, Straßenränder und altes Mauerwerk.
Aussehen: Die Kornnatter ist eine ganz besonders schön gefärbte, anmutige Schlange. Ihre Körperfärbung reicht von rostbraun bis orangerot und ziegelrot, wobei der Rücken und die Flanken gleichmäßig rotbraun gefleckt sind. Hals und Hinterkopf ziert ein V-förmiger Fleck, auf der Kopfoberseite reicht eine Binde über die Augen zum Mundwinkel. Die Bauchseite ist schieferblau gefleckt, die Schuppen schwarz gekielt. Der Körper ist schlank, der Kopf klein und abgesetzt mit runder Pupille.
Haltung und Klimaansprüche: Als Bodensubstrat verwenden Sie am besten Quarzsand. Die übrige Einrichtung besteht aus einem Wassergefäß, Unterschlupfmöglichkeiten wie Steinen oder Rindenstücken sowie Kletterästen und einer Bodenheizung.
Eine gelegentliche Besonnung und Haltungstemperaturen von 22 bis 28 °C bei nächtlicher Abkühlung bis auf 18 °C sind ratsam.
Futtertiere: Mäuse, Ratten, Küken.
Nachzucht: Normalerweise werden nach der im Frühjahr stattfindenden Paarung zwischen Mai und Juli 12 bis 14 zu einem Gelege verklebte Eier abgelegt, aus denen dann nach gut zwei Monaten die 20 bis 24 cm langen Jungtiere schlüpfen. Sie fressen nach der ersten Häutung nackte Mäuse und können leicht aufgezogen werden. Die Nachzucht im Terrarium ist schon mehrfach problemlos gelungen.
Winterruhe: Es sollte eine Winterruhe bei einer Temperatur zwischen 5 und 12 °C durchgeführt werden, falls Sie Nachzucht wünschen.
Besonderheiten: Während sie im Frühjahr weitgehend tagaktiv ist, kommt sie im Sommer nur in der Dämmerung aus ihren Versteckplätzen.

Die Vipernatter ist eine in Europa lebende Wassernatter.

Erdnatter, Bergnatter, Pilotennatter
Elaphe obsoleta
Fotos, Seite 4, 41, 52 und 53.
Die Erdnatter ist hervorragend für den Anfänger geeignet.
Länge: über 2,5 m.
Verbreitungsgebiet: Von Nordostkanada über die USA bis nach Mexiko.
Lebensraum: Feuchte und trockene Biotope in Ebenen und Gebirgslagen.
Aussehen: Der Körperbau der schwarz oder gelb-orange gefärbten Schlange ist muskulös, der lange schlanke Kopf erscheint kaum vom Hals abgesetzt. Die Schuppen der Körperoberseite sind von weißen Flecken umrandet, die Haut dazwischen erscheint oft rot, während die Bauchseite weißlich ist.
Haltung und Klimaansprüche: Sie braucht ein geräumiges Terrarium mit Klettergeäst, fest eingebautem Wasserbecken sowie eine aus Sand bestehende Bodenfüllung. Bei 22 bis 28 °C Lufttemperatur und einer nächtlichen Senkung der Temperatur bis auf 18 °C fühlt sich diese Schlange am wohlsten.
Futtertiere: Ratten, Mäuse, Eier.
Nachzucht: Eine Gefangenschaftsnachzucht glückte schon mehrmals. Die Paarung erfolgt meist nach der Überwinterung, worauf dann im Juni bis Juli 6 bis 44 Eier abgelegt werden. Nach 2 bis 3 Monaten Bebrütung bei 25 bis 27 °C schlüpfen dann die zwischen 25 und 39 cm messenden Jungtiere. Nach der ersten Häutung nehmen sie problemlos Futter auf.
Winterruhe: Überwinterung ist ratsam.
Besonderheiten: Die Erdnatter ist ein hervorragender Kletterer.

Die Spitzkopfnatter ist durch ihre grüne Färbung ans Laub angepaßt.

Spitzkopfnatter
Elaphe oxycephala
Foto oben.
Länge: bis 2,30 m.
Verbreitungsgebiet: Östlicher Himalaja, Hinterindien, Malaysia, Sundainseln und Philippinen.
Lebensraum: Feuchte Niederungen und dicht bewaldete Flußtäler.
Aussehen: Am auffälligsten ist die intensive Grünfärbung, durch die sie ans Laubdickicht angepaßt ist, und der lange, spitzzulaufende Kopf mit einer runden Pupille. Der Körper ist seitlich abgeflacht. Von der Schnauze zieht sich über das Auge eine schwarze Linie bis zum Hals. Der Schwanz ist gelbbraun, die Bauchseite gelblich.
Haltung und Klimaansprüche: Das großräumige Terrarium sollte mit kräftigem und weitverzweigtem Astwerk ausgestattet sein. Als Bodengrund eignet sich gewaschener Sand. Das Temperaturbedürfnis liegt bei ganztägiger Beleuchtung zwischen 27 und 32 °C bei einer nächtlichen Absenkung bis auf minimal 22 °C.
Wichtig scheint das Einhalten einer konstanten Luftfeuchtigkeit zwischen 80 und 100% zu sein.
Futtertiere: Mäuse und Küken.
Nachzucht: Bei ca. 28 °C Bebrütungstemperatur der Eier schlüpfen die etwa 45 cm langen Jungtiere nach ungefähr 14 bis 17 Wochen.
Winterruhe: Keine.
Besonderheiten: Galt lange Zeit im Terrarium als schwierig.
Achtung: Die Spitzkopfnatter beißt sehr schnell zu.

Bei Gefahr stellen Schlangen sich tot; sie legen sich auf den Rücken und öffnen das Maul.

Indigonatter oder Gopherschlange
Drymarchon corais
Foto, Seite 45.
Die Indigonatter ist ein idealer, schnell zahm werdender Pflegling. Sie ist im Handel jedoch selten zu erstehen und deshalb sehr teuer.
Länge: bis 2,70 m.
Verbreitungsgebiet: Vom Südosten der USA bis Argentinien.
Lebensraum: Kiefern-und Eichenwälder oder sandige Anhöhen, die mit Palmen bewachsen sind.
Aussehen: Charakteristisch ist der ein wenig vom Hals abgesetzte Kopf bei kräftigem, seitlich abgeflachtem Körper. Die Grundfarbe wechselt je nach Verbreitung von einem glänzenden Dunkelblau bis zu Braun. Manche Exemplare können an Hals und Unterkiefer rotbraun bis orange gefärbt sein.
Haltung und Klimaansprüche: Die tagaktive Schlange braucht Lufttemperaturen zwischen 25 und 26 °C, bei Bodentemperaturen bis über 30 °C. Nächtliche Abkühlung auf 20 bis 22 °C ist ratsam. Ein geräumiges Terrarium mit relativ großem Wasserbecken ist unbedingt erforderlich. Anfängliches Drohverhalten wie Fauchen und Schwanzzittern bei aufgeblähtem Hals und abgeplattetem Kopf legt sich nach kurzer Eingewöhnungszeit.
Die Häutung erfolgt in sehr kurzen Zeitabständen (etwa 4 bis 6 Wochen).
Futtertiere: Küken, Ratten, Mäuse, Fische und Eier.
Nachzucht: Von Gefangenschaftsnachzucht wurde schon mehrmals berichtet. Die Tiere paaren sich im November, die Entwicklungsdauer der Eier beträgt 12 bis 14 Wochen.
Winterruhe: Eine kurze Winterruhe bei 18 bis 20 °C kann erfolgen.
Besonderheiten: Sie wird auch als Gopherschlange bezeichnet, weil sie oft die Erdbauten der Gopherschildkröte (*Gopherus polyphemus*) aufsucht.

Hühnerfresser
Spilotes pullatus
Foto, Seite 8.
Länge: Ca. 3 m, manchmal sogar 4 m.
Verbreitungsgebiet: Von Südmexiko über Brasilien bis nach Argentinien.
Lebensraum: Tropische Regenwälder oder buschbestandene, waldige Gegenden in Gewässernähe.
Aussehen: Der Körper ist seitlich abgeflacht, so daß der Querschnitt leicht dreieckig erscheint, und schlank. Der Schwanz ist relativ lang. Der Kopf ist vom Hals wenig abgesetzt. Von der gelbgrünlichen Grundfärbung des Körpers heben sich schräg nach hinten verlaufende dunkle Querbinden ab. Die Bauchseite ist orange bis gelb, manchmal tritt eine schwarze Fleckung auf.
Haltung und Klimaansprüche: Das Terrarium muß sehr geräumig und mit einem großen Wasserbehälter sowie kräftigem Klettergeäst ausgestattet sein. Der Bodenbelag kann aus sandig-steinigem Untergrund beste-

hen. Das Temperaturbedürfnis der Schlange liegt tagsüber zwischen 24 und 30 °C bei geringfügiger nächtlicher Absenkung. Gelegentliche Besonnung oder UV-Bestrahlung ist zu empfehlen.

Futtertiere: Mäuse, Küken, Ratten.

Nachzucht: Bis jetzt wurde von keiner Gefangenschaftsnachzucht berichtet.

Winterruhe: Keine.

Besonderheiten: Es ist die Eigenart der Schlange, ihre mit dem Maul ergriffene Beute mit einer Körperwindung zu erdrosseln oder sie gegen den Boden zu pressen und so zu erdrücken.

Achtung: Die leicht reizbare, auch in Gefangenschaft selten zahm werdende Schlange ist sehr aggressiv und beißfreudig. Bei starker Erregung bläht sie den Hals vertikal auf und führt schnelle, dem Rasseln einer Klapperschlange ähnelnde Schwanzbewegungen aus.

Königsschlange, Abgottschlange

(*Boa constrictor*, verschiedene Unterarten)

Fotos, Seite 5 und 57.

Die Königsboa ist durch Mythen und Sagen ebenso wie durch ihre Eleganz und Schönheit bekannt.

Länge: 3 bis 5 m.

Verbreitungsgebiet: Vom südlichen Mexiko über einige Karibische Inseln bis nach Argentinien.

Aussehen: Charakteristisches Merkmal ist der kräftige dreieckige Kopf, der sich gut vom Körper abhebt. Die stark variierende Färbung innerhalb der einzelnen Rassen, ja sogar Unterarten, reicht von rötlichbraun über rötlichgrau bis zu gelblichen, orangefarbenen oder dunkelbraunen Farbtönen. Die Rückenzeichnung besteht aus hellen und dunklen Flecken, die zum Schwanz hin eine kräftige, orangerote Färbung annehmen können. Von der Schnauzenspitze bis zum Hals zieht sich eine dunkle Schläfenbinde; die Bauchfärbung ist dunkel cremefarben. Besonders schön sind auch die lebend geborenen, ca. 40 cm großen Jungtiere. Boas unterscheiden sich von den ebenfalls zu den Riesenschlangen gehörigen Pythons dadurch, daß die Vertreter der Familie der *Boidae* keine Gruben über den Lippenschildern besitzen. Beide haben sie einen Aftersporn (→ Seite 10).

Haltung und Klimaansprüche: Es können keine einheitlichen Temperaturen für die Haltung im Terrarium angegeben werden. Am besten ist ein gestuft temperierter Behälter, dessen kühlster Punkt, beispielsweise in einer schattigen Bodenecke, bei ca. 22 °C liegt, zum anderen sollten aber durchaus lokale Aufheizungsmöglichkeiten bis 35 °C angeboten werden. Ein Tag-Nacht-Temperatur-Gefälle ist in geringem Maße angebracht; für ausrei-

Beim Schlängeln wird jede Unebenheit des Bodens ausgenutzt.

chende Luftfeuchtigkeit, jedoch ohne stehende Bodennässe, muß gesorgt werden. Ein Badebecken wird gern aufgesucht. Die Bodenausstattung kann aus einem kahlen, trockenen, beheizbaren Steinboden mit kontrollierbaren Schlupfröhren oder aus einem Sand-Kies-Gemisch bestehen. Gut gegabelte Kletteräste sind eine Grundvoraussetzung für die Einrichtung eines Boa-Terrariums.
Futtertiere: Je nach Körpergröße kleine bis mittelgroße Mäuse und Ratten, Tauben, die durch Umschlingen getötet werden.
Nachzucht: Die Nachzucht in Gefangenschaft ist mehrfach gelungen.
Winterruhe: Keine.
Verwandte Arten: In ihrem Verbreitungsgebiet ist die Abgottschlange mit acht Unterarten vertreten.

Regenbogenboa
Epicrates cenchria
Foto, Seite 40.
Die verträglichen Tiere eignen sich gut für die Terrarienhaltung.
Länge: 3 bis 3,8 m.
Verbreitungsgebiet: Von Costa Rica bis Argentinien.

Zwei Erdnattern in engem Körperkontakt.

Lebensraum: Wälder.
Aussehen: Mit zu den am schönsten gefärbten Boas unter den Glattlippenboas (diesen Schlangen fehlen die Gruben auf den Oberlippenschildern) gehört die Regenbogenboa, deren rotblau-braune Netzzeichnung durch das herrliche Schillern im frisch gehäuteten Zustand an alle Regenbogenfarben erinnert.
Haltung und Klimaansprüche: Die Behälterausstattung ist wie beim Hundskopfschlinger (→ Seite 54) zu wählen. Die dämmerungsaktiven Schlangen bevorzugen Temperaturen zwischen 22 und 28 °C bei einer nächtlichen Abkühlung bis auf minimal 22 °C.
Futtertiere: Ratten, Mäuse, Küken.
Nachzucht: Gefangenschaftsnachzucht ist möglich. Nach etwa fünfmonatiger Tragzeit werden ca. 50 bis 65 cm lange Jungtiere geboren.
Winterruhe: Keine.

Schlankboa
Epicrates striatus
Foto, Seite 41.
Die Schlankboa ist ein dankbarer Pflegling, der gut ans Futter geht.
Länge: 3 bis 3,5 m.
Verbreitungsgebiet: Hispaniola und die Bahamas.
Lebensraum: Sehr anpassungsfähig, kommt als Kulturfolger in den unterschiedlichsten Lebensräumen vor.
Aussehen: Die Tiere sind schlanker als andere Riesenschlangen gleicher Länge. Der Kopf ist deutlich vom Hals abgesetzt. Die Körperfarbe ist grau- bis kupferbraun, der Rücken und die Flanken sind unregelmäßig gefleckt. Zwischen den teils verschmelzenden Flekken verlaufen helle Querbänder. Der Kopf ist einfarbig grau, ebenso die dunkel gesprenkelte Bauchseite.
Haltung und Klimaansprüche: Das Terrarium sollte für diesen typischen

Eine Erdnatter kann über 2,5 Meter lang werden.

Baumbewohner reichlich mit Klettermöglichkeiten ausgestattet werden. Das Temperaturangebot in dem feuchtwarmen Terrarium soll zwischen 22 und 28 °C bei einer nächtlichen Temperatursenkung bis auf 18 °C liegen. Die Tiere sind dämmerungs- und nachtaktiv.
Futtertiere: Mäuse und junge Ratten.
Nachzucht: Nachzuchten in Gefangenschaft sind möglich.
Die Schlankboa bringt lebende Junge zur Welt.
Winterruhe: Von Dezember bis Januar kann eine Winterruhe bei um etwa 5 bis 6 °C herabgesetzten Temperaturen durchgeführt werden.

Hundskopfboa, Cooksche Baumboa
Corallus enydris
Foto, Seite 41.
Länge: bis 2,5 m.
Verbreitungsgebiet: Südamerika.
Lebensraum: Tropische Wälder.
Aussehen: Überaus schlank, der Kopf ist vom Körper stark abgesetzt. Die Grundfärbung reicht von braun bis grau und graugrün, die Körperoberseite ist dunkel gefleckt und kann eine Zickzackzeichnung zeigen.
Haltung und Klimaansprüche: Bei 26 bis 30 °C liegen ihre Temperaturbedürfnisse, die nachts bis auf 20 °C reduziert sein können. Sie ist dämmerungs- und nachtaktiv. Als Kletterter-

rarium ist der Behälter mehr hoch als breit.
Futtertiere: Mäuse, Ratten, Küken.
Nachzucht: Die Nachzucht im Terrarium scheint problemlos zu sein. Sie ist schon mehrfach auch Hobbyterrarianern gelungen.
Winterruhe: Keine.
Achtung: Die Hundskopfboa ist relativ aggressiv, leicht beißfreudig und reizbar.

Hundskopfschlinger

Corallus caninus
Foto, Seite 41.
Länge: mehr als 2 m, maximal 3 m.
Verbreitungsgebiet: Tropisches Südamerika.
Lebensraum: Waldgebiete.
Aussehen: Der Hundskopfschlinger ist auf den ersten Blick leicht mit dem ebenfalls grünen Baumpython zu verwechseln. Auf die Unterscheidungsmerkmale wird bei *Morelia viridis* hingewiesen (→ Seite 56). Besonders auffällig sind dabei die für diese Art deutlichen Oberlippengruben.

Manche eierlegenden Schlangen betreiben Brutpflege.

Haltung und Klimaansprüche: Kräftig verzweigtes Astwerk muß in einem geräumigen, gut belüfteten Behälter in ausreichendem Maße vorhanden sein, denn der Hundskopfschlinger klettert gern. Doch er schwimmt auch ausgezeichnet, so daß ein größeres Wasserbecken bei der Gefangenschaftshaltung angebracht scheint . Eine Bepflanzung wirkt recht dekorativ. Bodenfüllung → grüner Baumpython, Seite 56. Das Temperaturbedürfnis liegt bei dieser Art zwischen 26 und 30 °C, bei nächtlicher Absenkung auf 20 bis 24 °C. Eine gelegentliche UV-Bestrahlung kann empfohlen werden.
Futtertiere: Küken, eventuell auch Ratten und Mäuse.
Nachzucht: Bereits mehrfach gelungen.
Winterruhe: Keine.
Wichtig: Für Neulinge unter den Terrarianern ist dieses Tier nicht zu empfehlen. Die Art ist im Terrarium recht ruhig, kann allerdings bei Belästigung sehr unangenehm sein, denn sie besitzt als Vogelfresser sehr kräftige, lange Vorderzähne, um das Gefieder der Beute durchdringen zu können.

Sandboa

Eryx jaculus
Foto, Seite 40.
Die Sandboa ist die einzige in Europa vorkommende Riesenschlange.
Länge: bis zu 80 cm.
Verbreitungsgebiet: Westgriechenland, Balkanhalbinsel, Kykladen und westliche Türkei sowie Nordafrika bis Westasien.
Lebensraum: Trockenes Ödland.
Aussehen: Die Tiere sind gelbbraun gefärbt.
Haltung und Klimaansprüche: Der als Wüstenterrarium eingerichtete Behälter soll eine dicke Sandschicht haben, die unterschiedlich stark zwischen 20

und 35 °C beheizt wird, damit sich die Tiere ihre Vorzugstemperatur aussuchen können. Leider bekommt man diese Schlangen nur selten zu Gesicht: um sie zu sehen, können Sie transparente halbierte Plastikschläuche an den Terrarienscheiben entlanglegen, in die die Tiere gerne hineinkriechen. Sonst schauen nur Nase und Augen aus dem sandigen Boden hervor. Die Schlangen gehen ausgesprochen gut ans Futter.
Futtertiere: Mäuse und Reptilien, deren Eier, zuweilen auch Nacktschnecken.
Winterruhe: Keine.
Besonderheiten: Die Erbeutung des Futtertieres erfolgt durch blitzschnelles Vorschießen aus dem Sand und Umschlingung der Beute.

Königspython oder Ballschlange
Python regius
Foto, Seite 40.
Sehr schön gezeichnet und friedfertig ist der Königspython.
Länge: maximal 2 m.
Verbreitungsgebiet: West- und Zentralafrika.
Lebensraum: Savannen und Trockenwälder.
Aussehen: Von seinem kräftigen Körper mit dem kurzen stumpfen Schwanz setzt sich der kegelförmige Kopf deutlich ab. Die Körpergrundfarbe ist dunkelbraun mit hellen unregelmäßigen Flankenflecken. An den Schläfen verläuft beidseits ein schmaler, gelber Streifen, der sich vom Hals bis zur Nasenspitze zieht; darunter liegt ein dunkles Band, das bis zum Maulspalt reicht. Die Bauchseite ist cremefarbig.
Haltung und Klimaansprüche: Die Schlange bevorzugt Temperaturen zwischen 26 und 32 °C. Besonnungsmöglichkeiten sind für die Haltung vorteilhaft. Die Art ist mehr dämmerungs- als tagaktiv.

Eine Schlange ist schon geschlüpft, andere haben das Ei aufgestoßen.

Futtertiere: Mäuse.
Nachzucht: Auch der Königspython konnte schon in Gefangenschaft nachgezüchtet werden. Auf die von Februar bis März stattfindende Paarung folgt die Eiablage von März bis Mai. Sechs bis acht recht große, etwa 7 x 5 cm messende Eier werden meist nachts abgelegt und kleben als Gelege zusammen. Während der zirka 100 Tage dauernden Eientwicklung übt der Königspython Brutpflege aus. Die Jungen messen beim Schlüpfen zwischen 23 und 43 cm.
Besonderheiten: Bei Belästigung oder Gefahr rollt sich die Schlange zu einer runden, kaum auflösbaren Kugel zusammen und verbirgt dabei ihren Kopf unter den eigenen Körperschlingen. Anmutig ist ihre Körperhaltung im Geäst. Bei ebenfalls ballartig ineinander gelegten Körperschlingen steht der Kopf des ruhenden Tieres etwa $1/4$ der Körperlänge aus der »Kugel« heraus. Aus dieser Haltung ergreift das Tier auch blitzschnell seine Beute und verschlingt sie so – zuweilen frei in der Luft hängend.

Blutpython, Buntpython, Kurzschwanzpython
Python curtus X X
Fotos, Seite 29 und 57.
Länge: bis 3 m.
Verbreitungsgebiet: Malaysia, Borneo und Sumatra.
Lebensraum: Lichte Waldgebiete mit Wasseransammlungen.
Aussehen: Aufgrund seiner intensiv rotbraunen Färbung und des kurzen, gedrungenen Körpers ist der Blutpython kaum mit anderen Riesenschlangen zu verwechseln.
Vom stämmigen Körper setzt sich der zugespitzte Kopf deutlich ab; der Schwanz ist kurz. Die Körperoberseite ist von unregelmäßigen, verschmelzenden gelbgrauen Flecken und Bändern gezeichnet. Der Kopf ist dunkel, mit einer Mittellinie. Vom Augenrand bis zum Maulspalt zieht sich eine helle Linie.
Haltung und Klimaansprüche: Seine Temperaturansprüche liegen tags bei 28 bis 32 °C. Die Wassertemperaturen sollten geringfügig niedriger sein. Ein stabiles Wasserbecken ist unbedingt erforderlich, da die Nahrungsaufnahme zuweilen auch im Wasser erfolgen kann. Eine nächtliche Temperaturabsenkung ist anzuraten, ebenso eine gelegentliche Besonnungsmöglichkeit. Die Tiere sind dämmerungs- und nachtaktiv.
Futtertiere: Mäuse, Ratten.
Nachzucht: Das Buntpythonweibchen betreibt Brutpflege, indem es sich um die Eier ringelt. Dabei kann das typische Muskelzucken beobachtet werden. Bei 30 bis 32 °C Bruttemperatur schlüpfen die bis 40 cm langen Jungtiere nach ca. 70 bis 75 Tagen. Die Nachzucht ist mehrfach gelungen.
Winterruhe: Keine.
Achtung: Der Blutpython kann ziemlich beißfreudig sein.

Grüner Baumpython
Morelia viridis X
Fotos, Seite 17 und 45.
Länge: bis ca. 2 m.
Verbreitungsgebiet: Nördliches Australien und Neuguinea.
Lebensraum: Tropischer Regenwald.
Aussehen: Neulinge unter denTerrarianern können den grünen Baumpython leicht mit dem sehr ähnlichen grünen Hundskopfschlinger (*Corallus caninus* → Seite 54) verwechseln. Von diesem unterscheidet sich der grüne Baumpython durch kleinere Schuppen auf der Kopfoberseite sowie an den Einbuchtungen der Supralabialia, den Oberlippenschuppen, die beim Baumpython nur auf den oberen Oberlippenschuppen ausgebildet sind und beim Hundskopfschlinger auf allen vorhanden sind. Ein weiteres Unterscheidungsmerkmal ist der direkte Kontakt des Augenunterrandes mit der Oberlippenschuppe beim grünen Baumpython, der beim Hundskopfschlinger durch dazwischenliegende kleine Schuppen verhindert ist.
Sehr schön sind die meist gelblich oder rötlich gefärbten Jungtiere mit bläulicher Fleckenzeichnung.
Haltung und Klimaansprüche: Das Terrarium kann mit kräftigen Pflanzen wie Philodendren und ähnlichen ausgestattet werden. Die Tiere brauchen einen stabilen Kletterbaum, in dem sie sich meist aufhalten. Da das Terrarium als Tropenterrarium feuchtwarm betrieben werden muß, eignet sich eine sandige Torfmull-Blähton-Mischung als Bodengrund, die nicht zu feucht sein darf. Ein beheiztes, nicht zu großes Wasserbecken sowie eine Betriebstemperatur zwischen 22 und 33 °C (nachts 20 bis 25 °C) ist anzuraten.
Futtertiere: Ratten, Mäuse, Küken.
Nachzucht: Mehrfach gelungen.
Winterruhe: Keine.

Felsenpython, Felsenschlange, Hieroglyphenschlange
Python sebae
Foto, Seite 20.
Länge: bis zu 6 m.
Verbreitungsgebiet: Vom tropischen Afrika bis zum Südrand der Sahara.
Lebensraum: Offenes Flachland, Gras- und Buschdickicht.
Aussehen: Die Grundfarbe reicht von hellbraun bis graubraun, wobei sie am Rücken mit schwarz- oder rotbraunen Flecken und auf den Flanken mit halbmondförmigen hell gekernten Flecken gezeichnet ist; auf diese Zeichnung ist der Name Hieroglyphenschlange zurückzuführen.
Haltung und Klimaansprüche: Dieser Python bevorzugt ein eher trockenes Terrarienklima. Ein geräumiges Wasserbecken, das gerne aufgesucht wird, sollte unbedingt vorhanden sein. Die trockene Bodenfüllung des Terrariums kann aus einem Sand-Kies-Gemisch bestehen. Auch eine sterilere Haltung auf glatten, leicht zu reinigenden Bodenflächen ist möglich. Kontrollierbare Unterschlupfmöglichkeiten dürfen auch hier nicht fehlen. Die Lufttemperatur sollte tagsüber zwischen 25 und 32 °C betragen und kann nachts bis auf 18 °C zurückgehen.
Futtertiere: Mäuse, Ratten und jegliches Geflügel.
Nachzucht: Der Felsenpython legt zwischen 30 und 50, ja sogar bis 100, ca. 9 x 16 cm große ledrige Eier, aus denen nach etwa 3 Monaten die 60 bis 70 cm langen Jungtiere schlüpfen. Die Nachzucht im Terrarium ist bereits mehrfach gelungen.
Winterruhe: In seiner Heimat hält der Felsenpython eine zwei- bis viermonatige Ruhezeit.
Achtung: Manche der kräftigen, zuweilen recht lebhaften Tiere sind ziemlich beißfreudig.

Gemächlich kriecht die Schlankboa über die Bananenstaude.

Die Boa constrictor ist die wohl bekannteste Riesenschlange.

Den Blutpython kennzeichnet die rotbraune Farbe.

Schwarzkopfpython
Aspidites melanocephalus
Foto, Seite 64.
Sie wird wegen ihres hohen Kaufpreises nur selten gehalten.
Länge: bis 2,8 m.
Verbreitungsgebiet: Australien.
Lebensraum: Offenes, trockenes Gelände.
Aussehen: Kopf und Hals dieses Pythons sind lackschwarz vom hellbraunen Körper abgesetzt. Dunkle Querbänder zieren dabei den Rumpf, die Bauchfärbung ist cremefarben.

Angriffsbereitschaft signalisiert diese S-förmige Haltung.

Haltung und Klimaansprüche: Das geräumige Trockenterrarium soll mit hartem, felsigem Bodengrund ausgestattet sein und ein kleines bis mittelgroßes Wasserbecken besitzen. Eine Lufttemperatur von 25 bis 30 °C bei etwa 5 °C nächtlicher Abkühlung sind zum Wohlbefinden des Tieres nötig.
Futtertiere: Mäuse, Ratten, Küken.
Nachzucht: Bereits gelungen.
Winterruhe: Keine.

Artenschutzbestimmungen

Seit dem 1.6.97 gilt in der Europäischen Union (EU) die EG-Verordnung Nr. 338/97 zum Artenschutz, die das Washingtoner Artenschutzübereinkommen (WA) umsetzt und einheitlich für alle Länder der EU die Ein- und Ausfuhr sowie die Vermarktung der geschützten Tier- und Pflanzenarten regelt.
Entsprechend dem Grad ihrer Gefährdung werden die geschützten Tiere und Pflanzen in vier Anhängen aufgelistet.
Anhang A: Arten, die vom WA als vom Aussterben bedroht (WA I) gelten, sowie zusätzliche Arten, die von der EU als besonders bedroht angesehen werden. Sie dürfen weder ein- noch ausgeführt und nur mit Ausnahmegenehmigung verkauft werden.
Anhang B: Im wesentlichen Arten des WA Anhang II. Eine kontrollierte Naturentnahme ist bei diesen Arten möglich, sie dürfen auch ohne weiteres vermarktet werden.
Anhang C: Arten, die von einzelnen Ländern geschützt wurden.
Anhang D: Arten, bei denen die EU aufgrund hoher Einfuhrzahlen eine Überwachung für nötig hält.
Arten der Anhänge A und B dürfen nur mit Einfuhrgenehmigung der zuständigen Behörden als Wildfänge eingeführt werden. Arten der Anhänge C und D dürfen mit bestimmten Dokumenten des Heimatlandes eingeführt werden.
Die CITES-Bescheinigung ist nur noch für Anhang-A-Arten erforderlich, doch auch bei Anhang-B-Arten muß der Halter den legalen Besitz nachweisen können. Kontrolliert wird dies bei der An- oder Abmeldung der Tiere, da der Halter eines geschützten Tieres nach der Bundesartenschutzverordnung

jeden Zu- oder Abgang zu melden hat. **Achtung:** Alle in Europa heimischen Schlangen stehen unter Naturschutz. Die Bundesartenschutzverordnung untersagt jegliche Entnahme aus der Natur. Selbst europäische Schlangen, die nachweislich in Menschenobhut nachgezogen wurden, dürfen ohne eine gesonderte Ausnahmegenehmigung der zuständigen Naturschutzbehörde nicht ge- oder verkauft werden.

Auf folgendes müssen Sie bei der Schlangenhaltung in punkto Artenschutz achten:

Zucht: Die Zucht der in diesem Buch vorgestellten Reptilien ist grundsätzlich erlaubt. Allerdings kann die Naturschutzbehörde die Zuchterlaubnis bei artengeschützten Tieren vom Nachweis abhängig machen, daß der Züchter über ausreichende Kenntnisse und über eine artgerechte Unterbringung für die Tiere verfügt.

Meldepflicht: Der Besitzer eines artengeschützten Tieres hat den Besitz dieses Tieres unverzüglich der zuständigen Naturschutzbehörde (im Regelfall Landratsamt oder Regierungspräsidium) anzuzeigen, außer das Tier ist ausdrücklich von der Meldepflicht befreit. Folgende Angaben sind erforderlich: Art, Alter, Geschlecht, Herkunft, Verbleib, Standort, Verwendungszweck, Kennzeichen und Registrierungsnummer der CITES-Bescheinigung.

Dokumente: Als Besitzer einer artengeschützten Schlange müssen Sie den rechtmäßigen Besitz nachweisen. Soweit eine CITES-Bescheinigung vorhanden ist, erfüllt dieses Dokument als „Quasi"-Personalausweis diese Vorausaussetzungen. Wer eine artengeschützte Schlange nach dem 1.6.97 erwirbt und keine CITES-Bescheinigung erhält, sollte sich die rechtmäßige Abgabe des Tieres durch den Verkäufer bestätigen lassen.

Sachkundenachweis: Auf Verlangen der Naturschutzbehörde hat der Tierhalter den Sachkundenachweis zu erbringen. Dieser enthält drei Elemente: Kenntnisse über die Haltung und Pflege der Schlangen, Gewähr für ausreichende tierschutzrechtliche Einrichtungen und die persönliche Zuverlässigkeit des Halters.

Kennzeichnung: Teilweise müssen geschützte Schlangen nach dem Gesetz mit einem amtlich registrierten Mikrochiptransponder gekennzeichnet sein. Diese Kennzeichen sind nicht frei im Handel erhältlich. Nur beim Bundesverband für fachgerechten Natur- und Artenschutz e.V. (BNA), Postfach 1110, 76707 Hambrücken, www.bna-ev.de, und beim Zentralverband Zoologischer Fachbetriebe Deutschlands e.V. (ZZF), Rheinstraße 35, 63225 Langen, www.zzf.de, können diese artenschutzrechtlichen Kennzeichen erworben werden. Die gesetzlich vorgeschriebene Kennzeichnung darf nach dem Gesetz nicht entfernt werden. Welche Schlangen gekennzeichnet werden müssen, erfahren Sie bei Ihrer zuständigen Naturschutzbehörde.

Formalitäten beim Kauf: In gut geführten Zoofachgeschäften wird dem Käufer eine detaillierte Kaufbescheinigung ausgestellt. Daraus sollte hervorgehen: Datum des Kaufs, Schlangenart, Cites-Bescheinigungs-Nummer (bei Anhang-A-Arten), Kaufpreis, Anschriften des Verkäufers und Käufers. Auch das Geschlecht der Tiere sollte vermerkt sein, wenn der Verkäufer eine Geschlechtsbestimmung hat vornehmen lassen und es dem Käufer hierauf entscheidend ankommt. Auch bei Tausch, Leihgabe, Zuchtgemeinschaften oder Schenkung sind möglichst konkrete schriftliche Vereinbarungen, wie beim Kaufvertrag zu treffen.

Arten- und Sachregister

Die **halbfett** gesetzten Seitenzahlen verweisen auf Farbfotos und Zeichnungen. U=Umschlagseite.
Auf den mit * gekennzeichneten Seiten finden Sie Porträts der jeweiligen Schlangenarten.

Aufgehängt zur Mittagsruhe – zwei Baumpythons über einem Ast.

Adressen

DGHT – Deutsche Gesellschaft für Herpetologie und Terrarienkunde e.V., Geschäftsstelle: Wormersdorfer Straße 46-48 53359 Rheinbach, www.dght.de

In vielen Städten der BRD haben sich Stadtgruppen, in der Schweiz eine Landesgruppe etabliert. Die Anschriften erhalten Sie von der Geschäftsstelle.

Verband Deutscher Vereine für Aquarien- und Terrarienkunde e.V. (VDA), Geschäftsstelle: Hans und Ingrid Stiller, Luxemburger Str. 16, 44789 Bochum, www.vda-online.de

Österreichischer Verband für Vivaristik und Ökologie, Landesverband Niederösterreich; R.Pfister, Langenlebarnerstr. 50, A-3430 Tulln

Untersuchungsstellen
GeVo Diagnostik, Gesellschaft für medizinische und biologische Untersuchungen mbH, Jakobstraße 65, 70794 Filderstadt.

Institut für Zoologie, Fischereibiologie und Fischkrankheiten der Tierärztlichen Fakultät LMU München, Kaulbachstraße 37, 80539 München, www.gevo-diagnostik.de

Bücher, die weiterhelfen
(falls nicht im Buchhandel, dann in Bibliotheken erhältlich)

Arnold, E.N., Burton, J.: *Pareys Reptilien- und*

Amphibienführer Europas. Hamburg
Jes, H.: *Das Terrarium.* München
Klingelhöffer, W., Scherpner, Chr.: *Terrarienkunde.* 4 Bände, Stuttgart
Klös, H.G.: *Zootierkrankheiten.* Hamburg, Berlin
König, R.: *Schlangen.* Kiel
Nietzke, G.: *Die Terrarientiere.* Band 2. Stuttgart 1989
Trutnau, L.: *Amphibien und Reptilien Europas.* Stuttgart
Trutnau, L.: *Schlangen im Terrarium. Haltung, Pflege und Zucht.* Band 1: Ungiftige Schlangen. Stuttgart 1988
Vogel, Z.: *Riesenschlangen aus aller Welt.* Band 402. Wittenberg/Lutherstadt

Zeitschriften

DATZ. Die Aquarien- und Terrarien-Zeitschrift. Eugen Ulmer Verlag, Stuttgart
Reptilia. Natur und Tier Verlag, München
Salamandra und *Elaphe.* Zeitschrift für Herpetologie und Terrarienkunde. Mitgliedszeitschrift der Deutschen Gesellschaft für Herpetologie und Terrarienkunde.

Der Autor

Klaus Griehl beschäftigt sich seit über 25 Jahren mit Terraristik. Über lange Jahre hat er selbst Schlangen gehalten und mit Erfolg auch gezüchtet.

Die Zeichnerin

Renate Holzner arbeitet als freie Illustratorin in Regensburg. Ihr breites Repertoire reicht von Strichzeichnungen über fotorealistische Illustrationen bis hin zur Computergrafik.

Wichtige Hinweise

In diesem Buch geht es um die Haltung und Pflege von ungiftigen Schlangen. Autor und Verlag halten es für wichtig, darauf hinzuweisen, daß auch der Biß einer als ungiftig geltenden Schlange zu gesundheitlichen Beeinträchtigungen führen (→ Seite 4, 6, 26) kann. Bei Schlangenbiß also sofort zum Arzt gehen.

Der Umgang mit Riesenschlangen erfordert viel Erfahrung und sehr großes Verantwortungsbewußtsein. Leichtsinn kann tödlich sein! Unerfahrenen Schlangenhaltern und Terrarianern, in deren Haushalt kleine Kinder leben, ist von der Haltung der Riesenschlangen daher dringend abzuraten (→ Seite 6).

Achten Sie unbedingt auf Hygiene im Terrarium und beim Umgang mit den Futtertieren. Mäuse, Ratten, andere Kleinsäugetiere und Vögel wie Eintagsküken oder Tauben können Infektionen auf den Menschen übertragen.

In den Terrarien sind elektrische Geräte installiert. Beachten Sie beim Umgang und bei einer eventuellen Neuinstallation sorgfältig die Betriebsanleitung des Herstellers, da es sonst zu gefährlichen Unfällen kommen könnte.

Beachten Sie bitte auch die Artenschutzbestimmungen und die rechtlichen bestimmungen bei Kauf und Zucht (→ Seite 58, 59).

Die Fotografen

Alle Fotos in diesem Buch stammen von Silvestris-Fotoservice, mit Ausnahme von: Kahl: U1 (großes Foto); Reinhard: U4.

Silvestris:
A.N.T.: U1 (kleines Foto), Seite 45 o.; Cramm: Seite 40 o.li.; Kahl: Seite 25, 32, 36, 37, 40 o.re.; König: Seite 9, 48, 52, 57 o., 64/U3; Lane: Seite 40 u.re.; Nieuwenhuizen: Seite 12 li., 12/13, 13 re.; Trutnau: Seite 40 u.li., 41 o.li., 41 u.; Wendler: Seite 5.
Silvestris/FLPA:
Hosking: Seite 40 u.mi.; Lane: Seite 49; Maslowski: Seite 4; Mattison: Seite 24.
Silvestris/NHPA:
Carmichael jr.: Seite 41 o.re., 53; Ratier: Seite 20; Sauvanet: Seite 45 u.; Switak: Seite 57 u..
Silvestris/Sunset:
Lacz: Seite U2, 8, 17, 29, 45 mi., 57 mi.; McDonald: Seite 41 mi.

Die Fotos auf dem Umschlag

Umschlagvorderseite: Kornnatter (großes Foto) und Grüner Baumpython (kleines Foto).
Umschlagrückseite: Königsnatter.

Dank

Autor und Verlag danken Dr. Ekkehard Wolff vom Münchner Tierpark Hellabrunn für die kritische Durchsicht des Krankheiten-Kapitels, Herrn Robert Lorenz für die fachliche Beratung beim Technik und Artenteil sowie Rechtsanwalt Reinhard Hahn für die juristische Beratung.

Redaktion: Anita Zellner, Christiane Gsänger
Zeichnungen: Renate Holzner
Herstellung und Satz: Michael Bauer
Umschlaggestaltung: Heinz Kraxenberger
Reproduktion: Penta, München
Produktion: Eva Hehemann
Druck und Bindung: Stürtz, Würzburg
ISBN 3-7742-1744-0

Auflage	7.	6.	5.	4.
Jahr	2005	04	03	02

Ein Schwarzkopfpython (*Aspidites melanocephalus*) in seiner natürlichen Umgebung im heimatlichen Australien. Die meisten Schlangenarten, auch wenn sie nicht speziell zu den baumbewohnenden Tieren gehören, lieben es zu klettern. Daher sollte ein Schlangenterrarium mit einem Kletterbaum ausgestattet sein.